JN058283

ふるさと再発見の旅 中国地方

清永安雄 撮影

産業編集センター

ふるさと再発見の旅　中国地方

ふるさと再発見の旅　中国地方　目次

岡山県

広島県

鳥取県

島根県

山口県

岡山

八塔寺ふるさと村（備前市吉永町加賀美）

茅葺き、田畠、小川、水車小屋――日本の原風景よ永遠に

「八塔寺」は寺の名称でもあり、その寺の門前に発達した集落の名でもある。八塔寺の正式名称は照鏡山八塔寺。西暦七二八年に、聖武天皇の勅願により弓削道鏡が創建した天台宗の古刹である。最盛時には七十二もの僧坊があり、西の高野山と呼ばれた聖地だったという。しかし再三の兵火に遭い、一五一七年の浦上村宗と赤松義村による八塔寺合戦の際には全山焼き討ちされ、堂塔伽藍はほとんど焼失してしまった。

寺の衰退とともに門前集落も活気を失い、その後も時代とともに過疎化が進んでいったが、地元や近隣住民の間では、伝統的な茅葺き民家や段々畑の残る美しい風景が消えてゆくのを惜しむ声も多かった。そこで昭和四十九年、岡山県が、日本古来の農村風景を残そうと「八塔寺ふるさと村」の名で保存地区に指定した。だが、残念ながら全国的には知名度が低く、また交通の便も良くないせいか、観光客はあまり呼び込めないまま現在に至っている。

村には今、十数軒の茅葺き民家が残っているが、村の中心部にひときわ目立つランドマーク的な茅葺きの屋敷がある。今は外国人の宿泊施設「国際交流ヴィラ」になっているこの屋敷には、興味深いエピソードがある。

昭和六十三年六月、ここで今村昌平監督による映画『黒い雨』の撮影が始まった。映画の舞台は昭和二十五年の広島の農村だったが、監督はここを見て、戦後ののどかな農村風景にピッタリだとロケ地に決めた。この時、主人公（田中好子）が叔父夫婦（北村和夫と市原悦子）に引き取られた家に選ばれたのが、郊外にあった、当時空き家だった旧庄屋の大きな茅葺きの家。これを村の真ん中に移築して使用したのだが、これが撮影後もそのまま残され、外国人の宿泊施設として使われることになったという。『黒い雨』は井伏鱒二の原作で、広島に投下された原爆に人生を狂わされていく人々の恐怖と悲しみを描いた映画で、数々の映画賞を受賞した。三十年前に撮影された映画に見る八塔寺の風景は、今もほとんど変わっていない。だが、当時との大きな違いは、住民の高齢化が進み、無住の家も増えてきていることだ。保護されているとはいえ、このままでは廃村になるのではないかと心配になる。

今では滅多に見られなくなった、茅葺きの家々が点在するのどかな田園風景、小川のせせらぎや水車小屋など、なつかしい日本の原風景が残っている村――この貴重な財産を守るには、保存地区としては観光客誘致が最も有効に思える。興味のある方はぜひ、何度でも村を訪れていただきたい。

八塔寺の境内。今は本堂の一部と庫裏しか残っていない

旧庄屋の茅葺きの邸宅。「国際交流ヴィラ」として利用されている

★八塔寺への行き方

山陽自動車道備前ICより車で約30分
JR山陽本線吉永駅よりバスで約30分
八塔寺ヴィラ前下車

伊部（いんべ）（備前市伊部）

伊部焼あらため備前焼、一つとして同じもののない魅力

日本六古窯（ろっこよう）のひとつ、備前焼。古くから丈夫で実用的な陶器として人気が高く、ここ備前市の伊部地区で多く作られることから「伊部焼」とも呼ばれる。江戸時代頃までは伊部焼として知られていたが、のちに備前焼に改められたようだ。

余談だが、伊部と書いて「いんべ」とはちょっと読みにくいが、これは昔、この地域に勢力を誇っていた忌部（いんべ）氏に由来するらしい。忌部が転じて、いつの間にか伊部になった。よくある話だ。だが、忌という字が発祥というのでは、どうにもあまりめでたくない。伊部焼が備前焼に変えられたのも、その辺が理由だという説もあるらしい。

備前焼の歴史は相当古い。この辺りには、古墳時代から平安時代にかけての須恵器（陶質土器）の窯跡が点在しており、これが現在の備前焼に発展したのではないかといわれている。

備前焼は、釉薬（ゆうやく）を一切使わず、絵付けもせず、高温で堅く焼き上げる。千二百〜千

三百度の高温で焼き、土の性質や窯の温度変化による「窯変」で微妙な色や模様が生み出されるため、一つとして同じものはできない。また、落としても割れない丈夫さを持ち、使えば使うほど味わいが増す。渋くて地味だが、飽きが来ない。時代を超えて長く庶民に愛されてきた所以だろう。

伊部の町は備前市の南西部にある。JR赤穂線の伊部駅で降りると、すぐ目の前に赤いレンガ造りの煙突が見えてくる。煙突に誘われて駅前の道をまっすぐ歩いて行くと、左右に一キロはあろうかというメインストリート、旧山陽道が広がる。古民家風のギャラリーや窯元、陶器店など、焼き物の里らしい古い家並みが続く。

店や工房をひやかして歩くのも楽しいが、伊部をより深く知ろうと思うなら、街道筋から北に抜けるいくつもの細い路地に入ってみよう。路地の奥には、伊部南大窯跡をはじめ、西大窯跡、天保窯跡、北大窯跡といった大規模な窯跡が残っている。神主が現役の陶工だという天津(あまつ)神社は、敷石から狛犬、絵馬に至るまですべて備前焼でできていて、眺めているだけでもなかなか楽しい。

一千年の時を経た古窯の栄華の歴史を今に伝える、窯跡や現役窯の数々とレトロな町並み。初めて見る景色なのに、なぜかなつかしさを感じさせる赤レンガの煙突たち。できればもう一度、時間を気にせずゆっくりとそぞろ歩きを楽しみたい町である。

伊部の街に入るとすぐ、赤レンガの煙突が迎えてくれる。

不老川

備前焼づくしの天津神社

備前焼伝統産業会館
住所：備前市伊部1657-7
電話：0869-64-1001
開館時間：1階 9:00〜18:00
2階 9:30〜17:30
定休：火曜日（祝日の場合は翌日）
1・2階は12/29〜1/3
入館料：無料

★伊部への行き方
山陽自動車道和気ICより車で約10分
JR赤穂線伊部駅より徒歩約5分

牛窓（瀬戸内市牛窓）

「カンゾー先生」が走り回っていた町並みはいまだ健在

その昔、神功皇后が三韓征伐の道中、この地で頭が八つある大牛の怪物に襲われた。弓で射殺したが、その後、皇后が新羅から帰ってきた時、成仏できなかった怪物が牛鬼になって襲ってきた。住吉明神が牛鬼の角を摑んで投げ倒したことから、この場所を牛転―うしまろび―と呼ぶようになり、それが長い間に訛って牛窓になった――これが牛窓というユニークな地名の由来だとか。

由来の真偽のほどはともかく、牛窓の歴史が相当に古いことは事実である。記録によれば、奈良時代には難波津を出港した遣唐使の船が立ち寄り、潮待ちをしていたという。室町時代になると、有名な豪商があらわれ、朝鮮や明との貿易港となった。そして江戸時代には、西回り航路の港町、造船の町として栄えた。牛窓の東の浜には船大工の工場が並び、数千石という大型木造船を造っていたという。

ちなみに戦後、海上交通は陸上交通にとって代わられ、木造漁船の需要も大幅に減少してきたが、牛窓ではまだ数軒の造船所が頑張っていて、牛窓の船大工の伝統技術を守り続けているという。

近年、牛窓は「日本のエーゲ海」をめざしてリゾート開発を進めているが、歴史を物語る古い建物も数多く残っている。観光の目玉となっている「しおまち唐琴通り」は江戸時代の道幅のままで、港町として栄えた江戸期から昭和三十年頃の雰囲気を色濃く残している。九百メートルほどの通りに、旧牛窓警察署や中国銀行、旧郵便局、燈籠堂など、大正時代のレトロな建造物が点在していて、かなり見応えがある。

この町で、スタッフ・キャスト全員が合宿して半年にわたる長期ロケを敢行した映画がある。坂口安吾の原作を今村昌平が監督した『カンゾー先生』（一九九八年）である。

患者を肝臓炎としか診断しない町医者が、昭和二十年の岡山の漁師町を舞台に繰り広げる感動の人間ドラマ。その年の各種映画賞を総なめにした名作だ。柄本明扮するカンゾー先生が、「開業医は足だ。疲れても走れ。寝ても走れ」という家訓を守り、患者の家から家へと走り回っていた小さな路地と家並みは、今もほぼそのまま残っている。通りを歩いていると映画の一シーン一シーンが思い出されて感慨深い。

これから牛窓を訪れてみようという方は、事前に映画をご覧になれば、この町の魅力が倍増するのではないかと思う。

映画『カンゾー先生』に登場する家並み

トイレ→

夕日に照らされる牛窓港

牛窓

海遊文化館（旧牛窓警察署）
住所：瀬戸内市牛窓町牛窓3056
電話：0869-34-5505
開館時間：9:00～17:00（入館は16:30まで）
定休：水曜日（季節により特別開館日・特別休館日あり）
料金：大人300円、高校生以下150円

★牛窓への行き方
JR赤穂線邑久駅よりバスで約20分
瀬戸内警察署前下車
岡山ブルーライン邑久ICから車で約15分

牛窓だんじり（うしまどだんじり）

牛窓神社の秋の例祭・牛窓だんじりは、地元で古くから親しまれている勇壮な祭りだ。江戸末期から明治にかけて作られたという歴史ある八基の山車（だんじり）は舟形の上に二層の屋形を組んだ構造になっていて、船首は龍や獅子、麒麟など凝った細工が施されている。大きさは全長五メートルを超える。船底には木製の車輪がついていて、太鼓囃子が鳴り響く中、御神輿とともに町内を巡行する様子は壮観だ。

開催時期 毎年10月第4日曜日
開催場所 瀬戸内市牛窓地区

写真提供：瀬戸内市観光協会

著名人の旧宅を訪ねて

竹久夢二生家

夢二が「すがりつきたいほど懐かしい」と思い焦がれた生家

大正ロマンを代表する叙情画家・竹久夢二は、１８８４(明治17)年、邑久町(おくちょう)本庄村に、造り酒屋と農業を営む中農の次男として生まれた。本名は茂次郎(もじろう)。父親の放蕩のため中学を中退するなど、決して恵まれた子供時代ではなかったが、十七歳で家出して上京し、早稲田実業学校に入学して学びながら、文章と絵を投稿し続けた。二十一歳で初めて雑誌の挿絵に採用され、以後、哀愁を帯びた大きな瞳の独特の美人画が人気となり、叙情あふれる画集を次々に発表して一世を風靡した。

夢二が十六歳まで過ごした生家は、豊かな自然に囲まれた茅葺き屋根の農家で、夢二の生前そのままに保存されている。現在は夢二郷土美術館分館として内部を見学することができ、作品が紹介されている。

茅葺き屋根の生家。隣接した納屋が展示室兼ショップになっている

また同敷地内に、1924（大正13）年に夢二自らが設計した東京下北沢のアトリエ兼住居「夢二少年山荘」が復元されていて、絵筆や絵具などの夢二愛用の遺品なども展示されている。

住所 岡山県瀬戸内市邑久町本庄1192
開館時間 9時～17時（入館は16時半まで）
休館日 月曜日（ただし月曜日が祝日・振替休日の場合は翌日）
入館料 大人600円　中高大学生250円　小学生200円
（夢二生家記念館・少年山荘の二館を見学できる）

少年山荘。夢二が晩年自ら設計して東京に建てたアトリエ兼住居を復元したもの

足守（あしもり）（岡山市北区足守）

ねねの兄で小早川秀秋の父
――肉親に振り回された足守の殿様

足守は、岡山市の北西部にある小さな山あいの町だ。足守木下藩二万五千石の町で、藩祖は木下家定である。あまり聞き覚えのない名前だが、家定は実は豊臣秀吉の正室ねねの実兄。この人、歴史上何かを成したという経歴はほとんどないのだが、良くも悪くも肉親から大きな影響を受け続けた人生だったようだ。

元々、ねねの兄ということで秀吉の姓である木下を称することを許され、姫路城主にまで出世したのだが、そういいことばかりは続かない。関ヶ原の戦いの際、家定はどちらにも与せず京都で大政所（ねね）の警護を務めていた。ところが、秀吉の養子となって小早川家を継いだ五男の秀秋が、あろうことか家康の東軍に寝返り、豊臣家滅亡の火種となってしまった。このことで家定は、東軍か西軍かの選択を迫られるのだが、「自分は大政所を守護することのみが役目」と徹底して中立を貫いた。家康はこのことを評価して減封はせず、姫路と同じ禄高の備中足守に家定を移封した。足守木下藩の誕生である。

もっとも、家定自身は新しい領地である足守には行かず、京都に残って出家してしまった。元々あまり欲のない人だったか、或いは、自らの意思に関わりなく、時の権力に振り回される我が身とそんな浮世に飽いたのかもしれない。

さて、こうして生まれた足守藩だが、実は足守には城はなく、藩の行政施設として陣屋が置かれた、いわゆる陣屋町である。町の北西部に武家屋敷が建ち並び、南東部の街道沿いには商家群が軒を連ねる。背後に山があり、足守川が町全体を外堀のように囲んで流れている。江戸時代の陣屋町の姿をよく残す、静かで美しい町である。

話は変わるが、足守は二人の著名な人物を輩出している。一人は歌人の木下利玄（りげん）。明治十九年、足守藩最後の藩主・木下利恭（としやす）の弟利永（としなが）の次男に生まれ、武者小路実篤や志賀直哉と共に雑誌「白樺」を創刊した。利玄の生家は足守陣屋跡のそばに今も残っている。

もう一人は江戸後期の医師で蘭学者、緒方洪庵である。洪庵は文化七（一八一〇）年、足守藩士・佐伯惟因（これより）の三男として生まれ、大阪で大阪大学の前身である適塾を開き、福沢諭吉など多くの門人を育てた。天然痘の治療に心血を注ぎ、日本の近代医学の祖といわれている。

足守を訪れたら、古い町並みを散策しながら、歴史を彩った足守ゆかりの人物たちの足跡を辿ってみるのも、また一興ではないだろうか。

旧足守藩侍屋敷。足守藩の国家老を勤めた杉原家の居宅で、家老屋敷の佇まいをそのまま残している

旧足守藩侍屋敷
住所：岡山市北区足守752
電話：086-295-0983
開館時間：9:30〜16:30
休館日：月曜日
入館料：無料

旧足守商家藤田千年治邸。
江戸時代末期の建築で、
内部には往時の醤油工場
が再現されている

旧足守商家藤田千年治邸
住所：岡山市北区足守916
電話：086-295-0005
開館時間：9:30〜16:30
定休：月曜日（祝日の場合は翌日）、祝日の翌日
料金：無料

COFFEE
コーヒー
DyDo

白樺派の歌人・木下利玄の生家

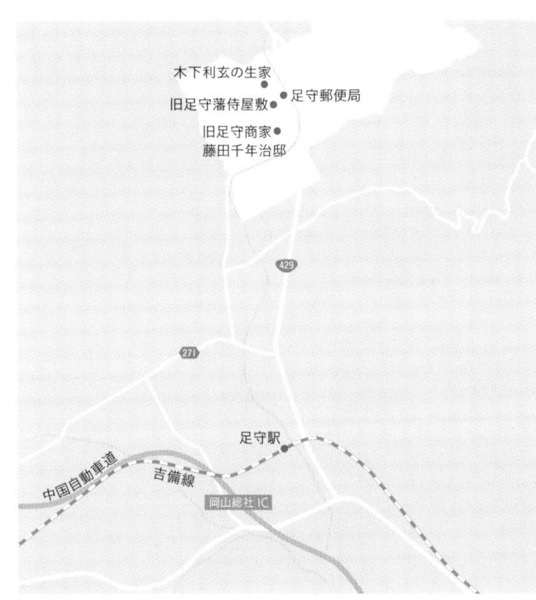

備中足守まちなみ館
住所：岡山市北区足守928
電話：086-295-2500
開館時間：9:00〜16:30
定休：月曜日（祝日の場合は翌日）、年末年始
料金：無料

★足守への行き方
中国横断自動車道岡山総社ICより車で約10分
JR吉備線足守駅よりバスで約15分
中之町下車

東中島、西中島（岡山市中島町）
娼妓七百五十人、川の中洲の二つの遊郭

岡山市内の旭川に、中洲のような二つの島がある。どちらも幅約百メートル、長さ約四百メートルほどの小さくて細長い島で、名前はそのまま東中島、西中島。ともに明治十年に遊郭になり、東遊郭、西遊郭と呼ばれていた。

明治、大正と繁栄を極め、昭和の初めには東廓に七十軒、西廓に五十九軒の貸座敷があり、娼妓は合わせて約七百五十人もいたという。

現在は住宅地になっているが、どちらの島にも旧花街を偲ばせる建物がポツポツと点在している。特に西中島の南の突先あたりに、かつてにぎわったであろう立派な貸座敷らしい家屋がいくつか残っている。

東中島町
3

玉島（たましま）（倉敷市玉島）

昭和三十年代にタイムスリップ、時が止まった町

『ＡＬＷＡＹＳ三丁目の夕日』は、昭和三十三年の東京の下町を舞台にした西岸良平（さいがんりょうへい）のマンガを映画化した、二〇〇五年の邦画を代表する名作である。

当初、撮影はオールロケで行う予定だったそうだが、実際にはイメージどおりの場所は日本中どこにもなかった。結局、セットとＣＧと数カ所のロケ地での撮影を併用した。その数少ないロケ地に選ばれたのが玉島である。ロケ隊はここで、昭和三十年代そのままの風景を何カ所か見つけた――。

玉島は倉敷市の西部に位置する港町である。歴史をひもとけば、江戸時代は備中松山藩の藩港として重要な役割を担っていた。松山藩主の水谷（みずのや）氏は、玉島周辺の新田開発を行うと同時に、高瀬舟の運河「高瀬通し」を設けた。玉島港は、備中の玄関口として千石船も出入りし、瀬戸内と高瀬川流域を結ぶ商業の中心地として大いに栄えていたという。港の周辺には豪壮な蔵屋敷が建ち並び、最盛期の元禄時代には数多くの

問屋がひしめき、仲買人の町もできた。

　玉島の中心市街地は、港から続く溜川（ためかわ）の両側に開けている。東側の玉島新町（現在の玉島中央町）はかつての問屋街で、廻船問屋の土蔵が二百カ所以上も軒を連ねていた。新町筋には今も、本瓦に海鼠（なまこ）壁、虫籠（むしこ）窓を備えた重厚な商家が数多く残っている。仲買人町があった対岸の阿賀崎町にも、明治大正期の古い建物が残る。こちらのほうがよりレトロな雰囲気が漂っているように思う。

　玉島の問屋が扱っていた商品は米、茶、薪、海産物など数多いが、扱い高がもっとも多いのは綿だった。備中綿といわれる備中南部で生産される綿のほとんどが、ここ玉島に集まっていたという。

　しかし明治になって鉄道時代に入ると、港町は大きな打撃を受けた。玉島は山陽鉄道のルートからはずれたのだ。これは、港の衰退を恐れる問屋衆が反対したためだといわれている。だがおかげで、というべきか、見事にノスタルジックな町並みが残された。『三丁目の夕日』に登場した古びた水門や建物群は、今もかなりの確率で残っている。だが一部はすっかり廃墟化し、倒壊寸前のものもある。

　そういえば、町を歩いていて何カ所も、布製の巨大な看板を見かけた。

「昭和レトロな？　玉島商店街」――？が付いているのが奥ゆかしいが、看板に偽りなし。懐かしい昭和三十年代にタイムスリップしたくなったら、ぜひ訪れていただきたい。

溜川沿いに建ち並ぶ古い建物

新町筋の町並み

羽黒神社下にある「みなと湯」のレトロモダンなビル。今は営業していない。

今も現役の白神紙商店

おすすめランチ

●玉島おでん

新鮮な魚介が豊富な玉島では、ちくわなどの練り製品の製造が盛んで、昔から何か地域の行事があるとそれらを使ったおでんが振舞われていたという。特徴は魚肉と玉子を使った練り製品である「カステラ」。一度ご賞味あれ。

「おたやん」
倉敷市玉島2-6-14

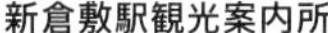

新倉敷駅観光案内所
住所：倉敷市玉島爪崎390-4
JR新倉敷駅構内2階
電話：086-526-8446
営業時間：9:00〜17:30
定休：12/29〜1/3

★玉島への行き方
山陽自動車道玉島ICより車で約15分
JR山陽新幹線新倉敷駅よりバスで約10分
玉島中央町下車

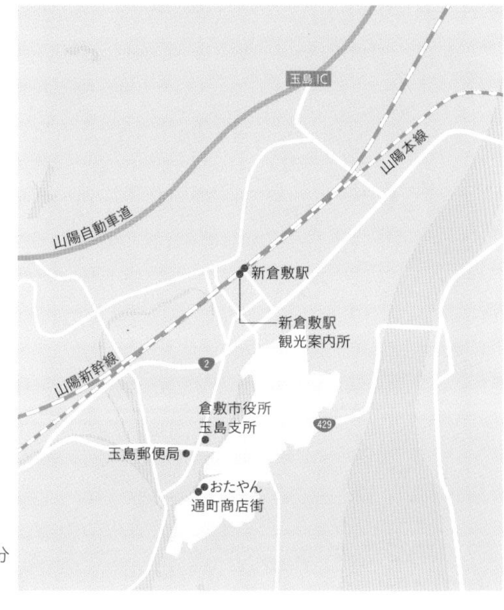

玉島通町商店街（倉敷市玉島）

創業百年、二百年は当たり前！明治の看板も健在な商店街

玉島にはレトロな商店街がいくつかあるが、最も歴史が古いのがこの「通町商店街」。全長約二百メートルのアーケード街で、五分も歩けば終わってしまう小さな商店街だが、昔は映画館まであって、大にぎわいだったらしい。今は残念ながらシャッターを下ろしている店も多いが、商店街自体が旧国道でもあり、昔はさぞ人でごった返していただろうな、と往時の繁栄が偲ばれる。ちょっと路地に入ると、そこはもう昭和そのものの生活感あふれる風景で、ここの空き地は映画『三丁目の夕日』でも使われた。

店も当然古い。創業百年、二百年はざらという骨董

並みの老舗店舗もいくつかあり、創業百三十年の高橋荒物店には、明治三十二年に発売されて大人気だった薬「胃活」の色あせた看板が今も掛かっている。ちなみに「胃活」の製造元は大阪の信天堂山田安民薬房、のちのロート製薬である。

さてさて、どこからみてもザ・昭和な通町商店街だが、どっこい今も生きている！

奥津温泉

（苫田郡鏡野町奥津）

藩主が鍵をかけて入った「殿様の湯」、今は誰でも入れます

奥津温泉は、岡山県北部の鏡野町にある温泉で、湯郷温泉、湯原温泉と並ぶ美作三湯のひとつ。「奥津」の名の由来は、高瀬舟が訪れていたことから。「奥まった場所だが船が出入りする地」という意味でつけられた名だという。

江戸時代には津山藩の湯治場だったそうで、奥津温泉を代表する高級旅館の「奥津荘」には「鍵湯」という名が残っている。これは津山藩主・森忠政が、一般の利用を禁じ、番人を置いて鍵をかけて一人で入っていたことに由来するらしい。

余談だが、森忠政という人は、あの森蘭丸の弟である。幼名を仙千代といい、天正十（一五八二）年の初め、十三歳の時に信長の小姓として出仕するが、あまりにイタズラがすぎたため、三月に母の許に返された。その年の十月、本能寺の変が起きる。信長とともに蘭丸、坊丸、力丸の三人の兄たちがみな討ち死にしたが、末子の仙千代だけがいなかったので助かったという、強運の持ち主である。

話を元に戻そう。温泉街は、吉井川に架かる奥津橋を中心に街が広がっている。橋から下を見下ろすと、河原に大きな露天風呂が二カ所ある。一カ所は流石に橋から丸見えのせいか入浴は禁止されているらしく、足湯になっている。が、もう一カ所は申し訳程度に木の衝立を立てて、昼間からおじさんたちが入浴していた。秋晴れの空の下、人目も気にせず河原の露天で温泉を満喫するなんて、全く羨ましい限りである。

　街は古くからある温泉街らしい、鄙びた、だがしっとりとした静かな街並み。昔から文化人たちに愛されてきた湯治場で、木喰（もくじき）上人、与謝野鉄幹と晶子など、数多くの著名人がここを訪れている。前出の奥津荘には、昭和二十二年から二十八年頃、版画家の棟方志功が度々訪れて創作に打ち込んだ。奥津荘には彼のいくつかの作品が残されている。

　備前市出身の作家、藤原審爾（しんじ）の代表作『秋津温泉』は、奥津を舞台にした小説である。戦争で無気力になった青年が、死に場所を求めて訪れた秋津温泉で、結核で倒れているところを温泉宿の美しい娘に助けられる。物語はこの二人の十七年間にわたる愛と悲劇を描いたもので、一九六二年に吉田喜重監督、岡田茉莉子と長門裕之主演で映画化され、ロケはほとんどのシーンが奥津温泉で行われた。

　およそ六十年前に撮影されたこの映画には、大自然にほっこりと包まれたような美しい奥津の町や河原が映し出されている。だが、いくつかの主要な旅館が廃業しているのを除けば、今も町の様子はさほど変わっていないように思うのだが、どうだろう。

吉井川沿いに大小の温泉旅館が軒を連ねる

奥津橋を渡ると、温泉街が広がる

天然
岩湯
東和楼

奥津温泉こぼればなし

「奥津渓」――奇岩が織りなす絶景の渓谷美

奥津渓は、奥津温泉の下流三キロにわたって流れる吉井川沿いの渓谷で、数十万年の歳月をかけて花崗岩が侵食されてできた深いV字谷である。蛇行する急な流れと奇岩が織りなす渓谷美は素晴らしく、遊歩道を歩けば、天狗岩・女窟の断崖・琴淵・臼淵の甌穴群・鮎返しの滝・笠ケ滝・般若寺の奥津八景を見ることができる。

ここは岡山県有数の紅葉スポットで、秋には渓谷の両側がモミジなどの紅葉で真っ赤に彩られる。清らかな渓流と真紅に染まったモミジの鮮やかな競演は、理屈抜きで美しく、人間がどんなに手を尽くして美を創出しても、大自然が紡ぎ出す美には到底敵わないことを思い知らされる。

ところで、前出の映画『秋津温泉』は、失意のヒロインがこの奥津渓の桜の木の下で手首を切るシーンで終わるが、この時、渓谷に沿って見事な満開の桜が映し出されている。だが現地に行ってみると、桜の木はほとんど見当たらない。実は、この木々はすべてモミジの木。画面に映るモミジの木をすべて桜の木に装飾して撮影したそうである。

おすすめランチ

●有機野菜の ワンプレートランチ

日帰り温泉施設の中にあるのは、地元産の旬な食材を丁寧に調理したメニューが好評のレストラン。一番人気は、有機野菜を使った6種類の惣菜が楽しいワンプレートランチ。雑穀米、スープ、デザートがついたヘルシーな一品だ。

「Aelu」
鏡野町奥津川西261

奥津歴史資料館
住所：苫田郡鏡野町奥津82-1
電話：0868-52-0888
開館時間：9:00〜16:30
定休：月曜日（祝日の場合は翌日）
料金：無料

★奥津温泉への行き方
中国自動車道院庄ICより車で約25分
JR津山線津山駅よりバスで約60分
奥津温泉下車

重要伝統的建造物群保存地区

津山市城東地区（商家町）

平成25年8月7日選定

津山の城下町は、慶長八（一六〇八）年に森忠政が初代藩主として入府し、津山城を築城したことに始まる。城東地区は、江戸期を通じて商家町として繁栄し、明治以降も高瀬舟による物資の集積地としてにぎわった。町割りは四百年前のままで、現在も江戸初期以来の商家・敷地割をよく残している。城東地区の町割り景観の特徴は、町家の表側の壁が出雲街道の両側の側溝ぎりぎりに建てられているため、一階の庇の位置が一直線に揃っていること。「庇が長く連続する景観」は、他にはない城東地区ならではのものである。

なお、津山は令和二年に津山城の西側の

町並みも「城西地区」として重伝建に選定された。商家町と寺町からなり、特に寺町は十七世紀初期から近現代までの各時代の建築様式が残る貴重な場所であることが評価された。

重要伝統的建造物群保存地区

高梁市吹屋（鉱山町）

昭和52年5月18日選定

吹屋は、岡山県西部吉備高原上の標高五五〇メートルの山間地に位置する。江戸時代に日本で初めてベンガラの生産に成功し、日本唯一の産地として繁栄した町で、起伏の多い丘陵上の往来に沿って、町家の主家や土蔵などが建ち並んでいる。屋根は赤褐色の石州瓦が葺かれ、赤い土壁や白漆喰壁の平入・妻入の町家が混在し、地方色豊かな町並み景観を見せている。上部から見ると、ほんのりと赤みを帯びた町並みの風景がとても幻想的である。

重要伝統的建造物群保存地区

矢掛町矢掛宿（宿場町）

令和2年12月23日選定

幕府は江戸を中心に五街道を置き、その延長線上に脇街道を通したが、山陽道もその一つ。矢掛宿はその山陽道の宿場町として栄えてきた。現在の町割は、元禄初年頃に完成したといわれている。幕末には篤姫も宿泊したとされる国の重要文化財・矢掛本陣の石井家住宅や、同じく脇本陣だった高草家住宅などの伝統的建造物が、江戸期の姿を今もとどめている。実は、本陣、脇本陣が往時のままの状態で残っている宿場町は全国でここだけ、という貴重な町である。城西地区と同じく、現時点で最も新しい重伝建。

重要伝統的建造物群保存地区

倉敷市倉敷川畔（商家町）

昭和54年5月21日選定

古くから運河として活用された倉敷川を中心に広がる伝統的な町並みが倉敷美観地区である。寛永十九（一六四二）年に幕府の直轄地となり、倉敷代官所が設置された。以降、備中国の年貢米や農産物が集散する商業港としての役割を担い、経済的に繁栄した。やがて富を蓄えた商人が台頭したことで、本瓦葺塗屋造りの町家と土蔵造りの蔵が並ぶ町並みができあがった。

市が美観地区に指定し、景観の整備や観光化に早くから取り組んだこともあり、案内所や交流の場、店舗やイベントも充実し、今では伝統的な風情を求めて多くの人が訪れる岡山県随一の観光地となっている。

倉敷市倉敷川畔

おすすめランチ

●天ざるうどん定食

倉敷川に臨む絶好のロケーションで和食店を営むカモ井。築150年の蔵を改装した趣ある店内から美観地区を眺めつつ食事を楽しむことができる。岡山名物ままかり寿司から甘味までメニューも豊富。写真は天ざるうどん定食。

「お食事処カモ井」
倉敷市中央1-3-17

広島

東城（とうじょう）（庄原市東城町）

十六軒の鉄問屋が軒を連ねた、たたらの鉄の集散地

庄原市は広島県の北東に位置する、近畿以西で最も面積の広い市町村である。その庄原市の北東に、東城という町がある。東城という名からわかるように、城下町である。戦国時代にこの地を治めた領主・久代宮（くしろみや）氏が、五品嶽（ごほんがたけ）城と大富山（おおとみやま）城の二つの城を築き、前者を東城、後者を西城と呼んだことから、これが村名になったという。

関ヶ原の戦いの後に広島藩に入封した福島正則は、家老を東城におき、福島氏改易後に入った浅野家もまた、ここに家老を置いて、その後は東城浅野家の城下町として明治まで続いた。

だが、東城という町にはもう一つの顔がある。こっちの方が主と言ってもいいだろう。

中国山地には砂鉄を含む岩石が豊富に分布し、古くから砂鉄を原料とした「たたら製鉄」が盛んだった。江戸時代には村の農家の副業として「鉄穴流し（かんなながし）」（山の岩石や土

に混じった砂鉄を川や水路の流れの破壊力によって分離させ取り出す採取方法）が盛んに行われ、それに伴い鍛冶屋の仕事の手伝いや砂鉄の溶解に使う木炭の生産、駄馬の運送などの仕事も増え、農家の家計は大いに潤った。

だが……余談だが、製鉄というビジネスは一方で環境破壊という社会問題にも直面する。当地でも鉄穴流しによる水質汚染の問題が発生し、東城川の下流の村々からは鉄穴流しの中止を求める紛争が何度も起こり、ついに幕府へ訴えるという事態にまでなったらしい。スタジオジブリのアニメーション映画『もののけ姫』は、たたら製鉄が引き起こす自然破壊を題材にしたものといわれている……。

さて、このたたら製鉄の発展で、東城の町は周辺の村々からの鉄の集散地として栄え、「くろがねどころ」と呼ばれ、もてはやされた。集められた鉄は、主に馬で備中吹屋や川之瀬（現在の岡山県新見市正田）に送られ、或いは筏や川舟で東城川下流の成羽（なりわ）に運ばれ、大阪や四国高松にまで送られた。江戸時代の最盛期には、町に十六軒もの鉄問屋が軒を連ねていたという。

しかし明治になると、釜石製鉄や八幡製鐵の操業により、たたら製鉄は価格競争力を失って急激に衰退していき、大正十年ついに消滅。あとには古い町並みと豪華で伝統的な商家の家々が残された。しっとりとした重厚な家並みは、江戸期から明治、大正とさまざまな時代の建物で、そのほとんどがまだ現役である。旧本町と旧新町あたりに、平入り切妻造りの美しい建物の連なりが見られ、往時の繁栄を偲ばせている。

超群
チョウグン

上／130年前から変わらぬ製法で「赤酢」を製造販売している後藤酢醸造元
下／天保年間創業の北村醸造場

80ページ／慶應元(1865)年創業の生熊酒造

成羽川沿いの桜並木

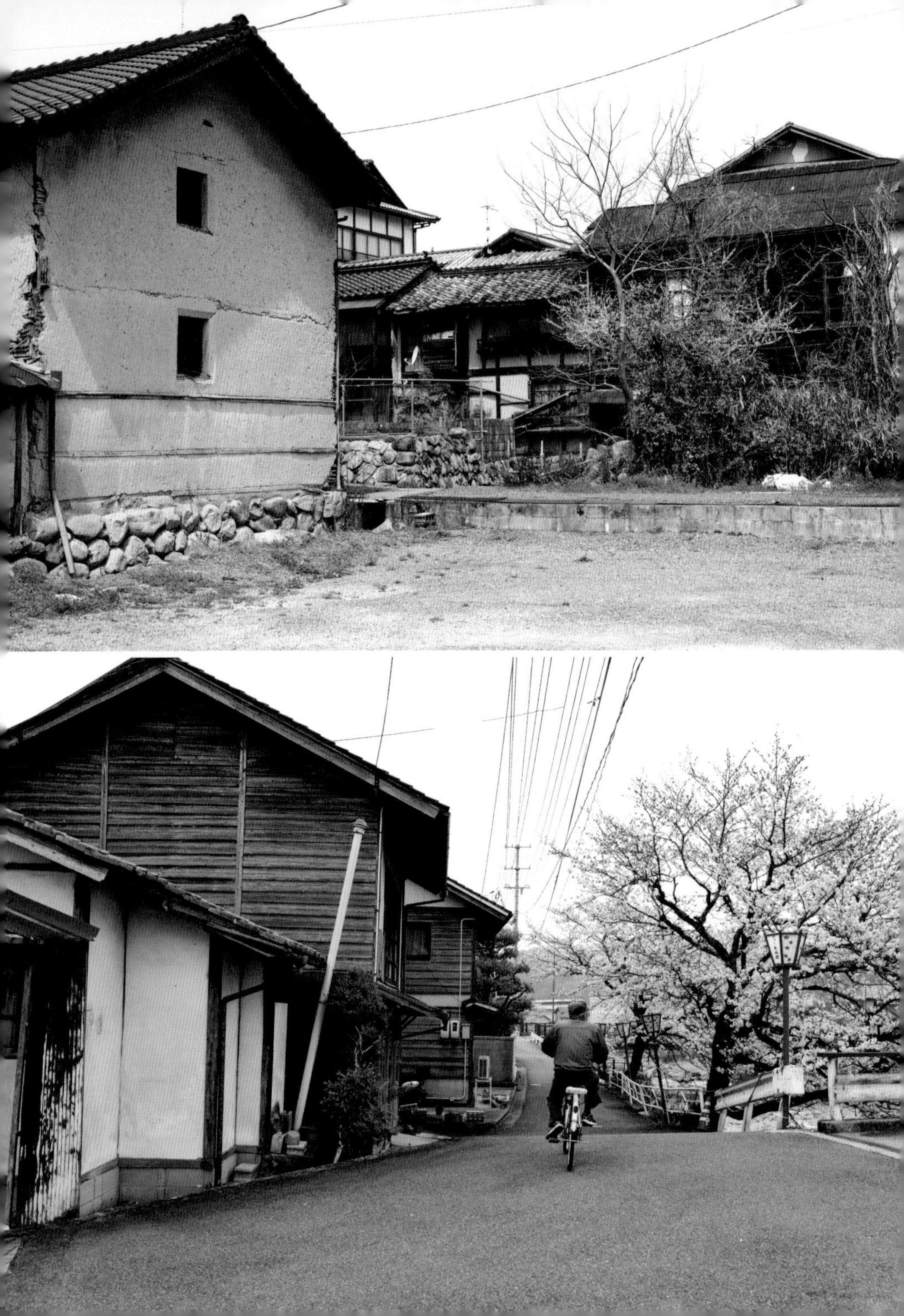

東城まちなか交流施設　えびす
住所：庄原市東城町東城250-5
電話：08477-3-0788
開館時間：9:00～18:00
定休：木曜日
料金：無料

★東城への行き方
中国自動車道東城ICより車で約5分
JR芸備線東城駅より徒歩約5分

出口（府中市出口町）

文字通り山からの「出口」でにぎわった、街道筋の小さな町

山陽道が備中から備後に入って間もなく、福山市の神辺町下御領から分かれた脇街道が「石州街道」、別名「銀山道」である。その街道筋に「出口」という町がある。街道が中国山地からやっと平地に出たところ、という意味で名づけられたそうだ。石州街道を石見銀山から急峻な坂根峠を越えてきた人々は、ここでホッと一息ついて長旅の疲れを癒したのだろう。江戸から明治にかけては市場なども置かれ、近隣から数多くの人々が集まってきたという。

石州街道は出口川に沿って南へと続く。この街道沿いにゆるやかに曲がりながら続く通りは、出口通りと呼ばれている。出口川には今では何本もの橋がかかっているが、江戸時代には橋がなかった。役人や旅人たちは多くの人夫を雇って荷駄を運ばせながら、飛び石を伝って渡っていた。当時、暴れ川と言われた出口川は、増水して川止めになることもしばしばだった。その難儀を見かねて、出口村の庄屋だった大戸直純が

自費で最初の橋をかけた、というエピソードが残っている。
通りに寄り添うように並ぶ家々は、ほとんどが裕福な商家だったようだ。桐工芸や織物、染め物、タバコなど、江戸時代に始まった多くの地場産業は、今も脈々とこの町で引き継がれている。
間口の広い平入りの家屋にうだつや虫籠窓（むしこまど）、連子格子を備えた重厚な商家群は、当時の豊かな繁栄ぶりを偲ばせ、どこか懐かしさを感じさせる。幅わずか二メートルという狭い道も、旧街道の面影が色濃く残っていて趣がある。
一方、出口川は生活用水でもあったので、家の裏から川に下りる石段や洗い場の跡なども残っていて、表側の街道とはまた違った味わい深い風景が見られる。

出口川には今いくつもの橋が架かっているが、江戸時代には橋がなかった

桑田醤油醸造場の屋敷蔵

藍染の老舗、小川染料の店舗。現在は不動産業になっている

府中市地域交流センター
住所：府中市府中町559-2
電話：0847-43-7135
営業時間：9:00〜17:30
定休：年末年始

★出口町への行き方
山陽自動車道福山東ICより車で約35分
JR福塩線府中駅よりバス約10分出口公民館前下車

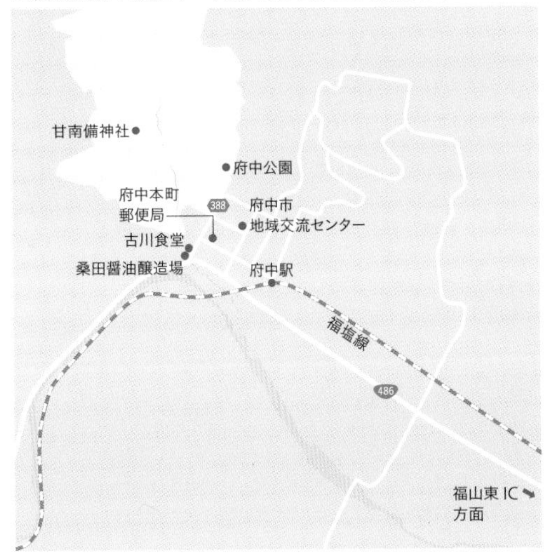

おすすめランチ

●備後府中焼き
府中市のお好み焼きは独自の進化を遂げて府中焼きと呼ばれている。ばら肉ではなくミンチを使うため脂が鉄板に広がり、麺が揚げた状態になり、カリカリの食感が楽しめる。店のオリジナル、ピリ辛麺を使った「赤ゴジ」もチャレンジしたい。

「古川食堂」
府中市府中町898-1

ノスタルジック商店街

尾道本通り商店街（尾道市土道）
全国から観光客が訪れる昭和レトロの名物商店街

尾道本通り商店街は、尾道駅のそばから東へ延びる全長一・二キロのアーケード街。昭和レトロな商店街で、昔ながらの小規模な店がひしめき合い、活気にあふれている。入り口で、若い頃この商店街に住んでいた作家・林芙美子の銅像が迎えてくれる。着物姿の芙美子さんは、ここでのんびりと腰を下ろして、行き交う買い物客たちを眺めている。彼女の住んでいた家は今も残されていて、次ページの「著名人の旧宅」で紹介しているので、ぜひご一読いただきたい。

この商店街は西から一番街、中商店街、本町センター街、中央街、尾道通りの五つの通りで構成され、それぞれ特徴のある店が並ぶ。食料品から洋服や靴などの服飾品、包丁や印鑑まで、生活に必要なものはひととおり全て揃っていて、特に買い物しなくても、ただぶらぶらするだけで十分楽しめる。

日本遺産に選ばれた「尾道水道が紡いだ中世からの箱庭的都市」の中心である旧市街地に位置し、商店街

と海と山を結ぶ路地がいくつもある、独特の街並み。全国各地から観光客が訪れる名物商店街だけあって、平日だというのにかなりの人出で驚いた。面白い店がいっぱいで、一度歩いただけではとても見きれない。ゆっくりと時間をかけて楽しみたい街だ。

著名人の旧宅を訪ねて

林芙美子旧宅

芙美子が多感な思春期を過ごした、尾道の小さな一軒家

住所　尾道市土道1-11-2
入館料　無料

尾道本通り商店街に入ってすぐのところにある林芙美子記念館。作家の生涯を写真と年表や作品、資料などで振り返る文学記念館である。その記念館を通り抜けた奥に、林芙美子が十三歳からの六年間を過ごした家がある。

芙美子は明治三十六年、北九州市門司区に生まれ（下関市生まれという説もある）、旅商いの両親に付いて山陽地方の木賃宿を転々とした。十三歳の時、尾道にしばらく落ち着き、市立尾道小学校を二年遅れで卒業した。当時から文才に秀で、尾道私立高等女学校へ進学、夜は働きながら十九歳で女学校を卒業。十八歳から地方新聞に詩や短歌を載せていた。卒業後上京して下足番や女工、女給などさまざまな仕事を経験した日々を記した日記を、小説『放浪記』として結実させ、これがベストセラーとなった。

戦後は『晩菊』『浮雲』『めし』などを次々に発表し、人気作家としてもてはやされたが、四十七歳で心臓麻痺のため急逝した。

尾道の旧宅は小さな一軒家で、中を見学することができる。狭い階段を上がるとすぐ、芙美子が暮らしていたという四畳ほどの部屋がある。ここで多感な思春期を過ごしたであろう作家のありし日を思うと、感慨深いものがある。

林芙美子 旧居

おのみち 林芙美子記念館
おのみち 林芙美子記念館
インフォメーション・センター
林芙美子 旧宅公開中

木江（きのえ）
（豊田郡大崎上島町木江）

潮待ち、風待ちでにぎわった港町。今も色濃く残る遊郭のあと。

大崎上島は竹原港からフェリーで三十分、瀬戸内海西部の大小数百に及ぶ島々で構成される芸予諸島の一つに数えられる離島である。

その玄関口、木江港は、深い入江を持つ天然の良港だ。享保年間（一七一六〜三六）頃から沖を通る沖乗り航路の船が増え、これらの船が安全な木江港で潮待ち、風待ちすることが多くなった。それに伴い港も整備され、造船所や船具店、船宿なども増え、木江はだんだん港町として発展していった。

幕末から明治にかけては、九州と阪神を結ぶ石炭船の食料補給港としてにぎわい、明治三十年頃からは多くの造船所が設立されて、木江は一躍「造船所の町」となる。さらに大正初めの第一次世界大戦勃発による鋼材不足から木造船の需要が急増し、大正期の造船ブームには、この小さな木江の町になんと二十五軒もの造船所があったというから驚きである。

その後も木江の造船の快進撃は続き、近代に入ると木造船から鋼船建造へと移行し、昭和初期には全国シェアの三十%近くに達したこともあったが、オイルショック以降の造船不況で衰退した。現在は三カ所の造船所が操業を続けている。

さて、造船の町木江は、港町時代にもう一つの顔を持っていた。潮待ち、風待ちする船の船乗りたちを迎え入れていた繁華街、旅館街、遊郭としての顔である。旧歓楽街の町並みは、海岸沿いの道から一本入った細い路地に、数百メートルにわたって続く。道の両側に、古色蒼然とした木造二階建て、三階建ての遊郭、旅館、カフェなどが建ち並ぶ。二階、三階の通りに面した部屋の窓には遊郭特有の手すりが、また軒下には笠のついた外灯が今も残り、百年前にタイムスリップしたような気分になる。

最後に。木江の町は、平成二十五年に公開された山田洋次監督の『東京家族』のロケ地に利用された。家族の両親（橋爪功、吉行和子）が住む故郷として選ばれたのだが、山田監督はロケハンでここを訪れた時、「ここは美しい日本の故郷の原風景みたいなもので、見飽きない美しさがある」と絶賛したそうだ。

重要伝統的建造物群保存地区に選ばれ観光化が進む隣の大崎下島の御手洗地区に比べると、同じような町並みなのにすっかり忘れ去られた感のある木江だが、何の手も加えず廃れるに任せた家並みが、逆に見飽きないあるがままの美しさを醸し出しているように見える。

日本でただ一つの木造5階建ての家。
大正6年、船主等の接待用に、クラブを兼ねた料理屋として建てられた

島には現在も造船所が3ヵ所ある

当時の面影を色濃く
残す旧遊郭の建物

木江ふれあい郷土資料館
住所：豊田郡大崎上島町沖浦1911
開館時間：9：00〜16：00
休館日：月曜日、年末年始
入館料：大人200円、小人100円

★木江への行き方
山陽自動車道河内ICより車で約20分、
竹原港よりフェリーで約30分、
大崎上島 白水港・垂水港より約10分

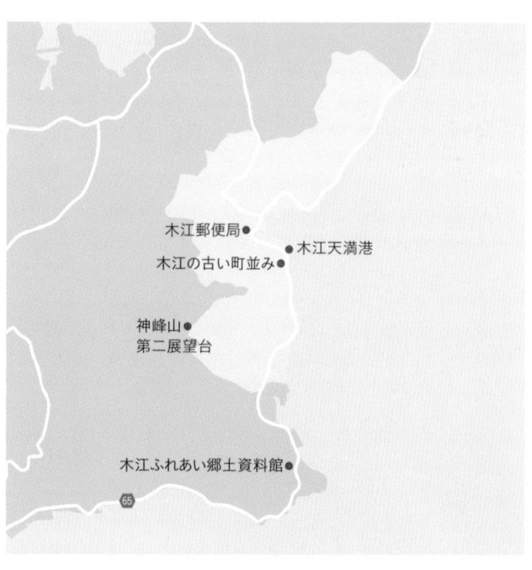

木江十七夜祭（きのえじゅうしちやさい）

大崎上島に鎮座する貞観三（八六一）年創建の古社、木江厳島神社の例祭が木江十七夜祭だ。祭りは神事、神輿、吹き囃子などで構成されるが、目玉は何といっても四隻の櫂伝馬船による競漕だ。櫂伝馬船とは、櫂（オール）を使って漕ぐ小型の船のこと。船に乗り込んだ若者による熱いレースが祭りを盛り上げる。また、夜には約五千発の花火が打ち上げられ、木江の夜空と海面を彩る。

開催時期 毎年8月上旬
開催場所 木江港周辺

写真提供：大崎上島町観光協会

西条（東広島市西条）

赤レンガの煙突が続く「天下第一ノ芳醇地」西条酒蔵通り

兵庫県の灘、京都府の伏見とともに「日本三大酒どころ」として知られる西条は、元々は西国街道の宿駅として発達した町である。関ヶ原の後、この地は広島藩領となった。当時は四日市次郎丸村という長ーい村名で、それを短縮して山陽道最大の宿場町「四日市宿」としてにぎわった。四日市が西条という名に変わったのは、明治二十三年の町制施行の時からである。四日市での酒造りは宿場ができた頃に始まったといわれ、江戸期の初めにはすでに造酒屋が三軒あったという。

しかし明治になると交通網が発達したこともあり、灘や堺から上質な上方の酒が入ってきて市場を席巻し、広島の蔵元は次々に経営が立ちゆかなくなった。その広島の酒を救い、全国的に有名なブランドに育てあげたのは、酒造家の三浦仙三郎という人である。

当時の酒造家はほとんどが灘や伏見で酒造技術を学んできたが、灘の仕込み水が硬水だったのに対し、広島は軟水が多く、灘と同じ醸造法ではどうしても満足のいく味の酒が造れなかった。三浦は何度も試行錯誤を繰り返し、ついに明治三十年「軟水式醸造法」を発明。明治四十年に東京で開催された「第一回全国酒類品評会」で圧勝し、酒どころ広島の名声を一気に全国に広めた。軟水を使った酒は甘口で口当たりが柔らかく、灘の男酒に対し、広島の女酒といわれ人気を集めた。

その後も酒造家たちによる美味い酒造りへの飽くなき努力は続いた。彼らのチャレンジ精神と創意工夫が、現在の「天下第一ノ芳醇地・西条」を生み出したと言って良いだろう。現在も、旧西国街道沿いを含む西条市街地の造り酒屋を結ぶ東西の道を「酒蔵通り」と呼んで、観光と西条の酒の普及に力を入れている。

酒蔵通りを中心に仲良く並ぶ酒造会社は八社。広島を代表する最大手の「賀茂鶴酒造」は、一号蔵から八号蔵まで広大な酒造施設を有し、直営レストランもある。延宝三(一六七五)年創業で最も歴史が古い「白牡丹酒造」。昔ながらの広島杜氏伝統の技を守り続ける「亀齢酒造」は、甘口の多い広島の酒の中で辛口の酒を造っている。杜氏養成蔵として知られ、酒造業としては国内初の法人として起業した「福美人酒造」。戦後の純米醸造のパイオニア的存在である「賀茂泉酒造」。他に「西條鶴醸造」「金光酒造」「山陽鶴酒造」がある。

西条特有の赤レンガの四角い煙突が通りのあちこちに林立し、白壁や海鼠壁の蔵が続く風景は非常に珍しく、町じゅうに酒都ならではの独特の雰囲気が漂っている。

通りを隔てて白牡丹と西條鶴の赤い煙突が並ぶ

ハクボタン

広島を代表する酒蔵、賀茂鶴酒造。昭和33年、全国に先駆けて吟醸酒造りを開始した

賀茂泉酒造の醸造場を改修したお酒喫茶「酒泉館」

おすすめランチ

●美酒鍋

酒のまち西条の名物料理。豚肉や鶏肉、野菜を日本酒と塩胡椒だけで調理するシンプルな鍋で、素材と日本酒のうまみを味わうことができる。酒蔵で働く蔵人たちをお腹いっぱいにしたいと生まれたこの料理。彼らは水仕事でいつも「びしょ濡れ」だったことから、びしょ鍋とも呼ばれた。

「仏蘭西屋」
東広島市西条本町9-11

山陽自動車道
西条IC
山陽本線
賀茂鶴酒造
仏蘭西屋
西条駅
くぐり門 西条酒蔵通り
観光案内所
西條鶴醸造
白牡丹酒造
旧県立醸造支場
(酒泉館)
486
375
東広島市立
中央図書館

くぐり門 西条酒蔵通り観光案内所
住所：東広島市西条本町17-1
電話：082-421-2511
営業時間：10:00～16:00
定休：月曜日、年末年始

★西条への行き方
山陽自動車道西条ICより車で約10分
JR山陽本線西条駅より徒歩5分

福山市鞆町（港町）

平成29年11月28日選定

福山市鞆町は、瀬戸内海に突き出た沼隈半島の南東部に位置する港町である。潮待ちの港としての好条件を備え、古くから海上交通の要衝として発展してきた。

鞆の町家は、本瓦葺で一間半か二間という狭い間口の建物が壁を共有しながら軒を連ねている。建物と建物の間に隙間がなく、軒と軒がぶつかり合うため、軒高が不揃いなのが鞆の町並みの特徴である。また、表通りから一歩中に入ると、京都などで見られた長屋が残っているなど、全国的に失われつつある近世の町家の特徴を今も残している。

保存地区内には、江戸時代から昭和初期までの伝統的建造物が約三百棟残っている。そのうち江戸・明治期の建物は約二百棟で、

これだけ数多く残っている地域は全国的にも珍しいものである。

竹原市竹原地区（製塩町）

昭和57年12月16日選定

広島県の中央部、瀬戸内海沿岸に位置する竹原は、中世の頃から港を控えた市場集落として形成された。江戸中期、他に先駆けて赤穂から入浜式塩田を導入したことにより、全国に「竹原塩」の名を轟かせた。町人たちは、製塩業を基盤に醸造業や廻船業、問屋業などの多角的経営を行い、町は繁栄を極めた。

また、竹原の人々は、商いで深い交わりを結んだ上方の国学や朱子学などの学問、漢詩や茶道などの文化・芸術に親しみ、頼(らい)山陽(さんよう)をはじめとする数多くの町人学者を輩出し、文教の地としても栄えた。竹原地区は、そうした町人たちの江戸時代からの営みを今に伝え、町人文化の伝統をよく残し

ている。

本町通りに沿った建物は、二階建てで切妻造り、本瓦葺き、大壁造りの町家が多く、江戸時代の中頃から明治にかけての大規模住宅が数多く残っている。

呉市御手洗地区（港町）

平成6年7月4日選定

御手洗は、瀬戸内海のほぼ中央、芸予諸島の一つ、大崎下島にある港町である。江戸時代前期に瀬戸内を渡る船舶の中継港として開港されて以来、北前船航路の要衝として繁栄した。十七世紀中頃から十九世紀にかけて、港の発展とともに海岸の土地が埋め立てられ、時代に応じて街区が変遷している。

町の中には今も、網の目のように小さな路地が巡っており、それぞれの区画ごとに江戸、明治、大正、昭和と当時のままの町並みが残されている。家並みは、大小の町屋や商家、茶屋、船宿、神社、寺院などが混在し、建築形態は、間口が狭く奥行きの長い妻入りの町家と、棟割長屋に代表される平入りの町家が多い。中には大正から昭

和初期に建設された洋風建築も点在し、瀬戸内の潮待ち、風待ち港としての港町の風情をよく残している。

史跡

鳥取

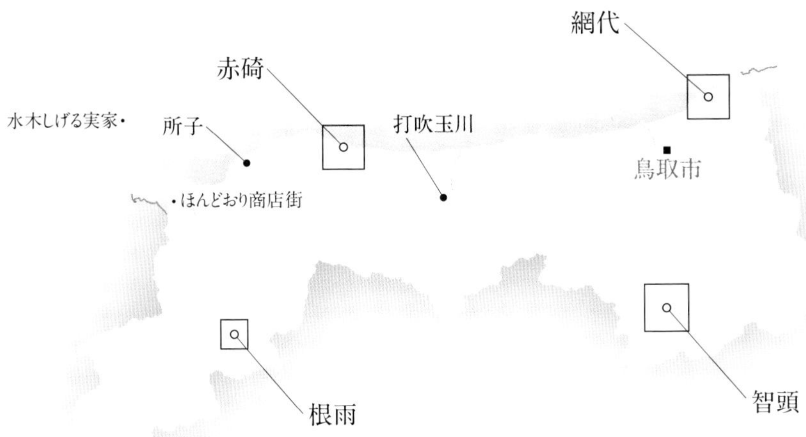

智頭（ちづ）（八頭郡智頭町智頭）

因幡街道の宿場町として栄えた杉の町

江戸時代、因幡（いなば）地方と畿内を結ぶ智頭往来（ちづおうらい）の宿場町として栄えた智頭宿。鳥取藩主が宿泊するためのお茶屋が置かれるなど、藩内最大の宿場町としてにぎわいを見せた。しかし明治時代に入って、智頭往来の代わりに京・大阪に近い若桜往来（わかさおうらい）が重用されるようになり、さらに大正から昭和にかけて鉄道の因美線（いんびせん）が開通すると、智頭往来も街道沿いの宿場も徐々に衰退していった。

皮肉なもので、時代に取り残されたことによって智頭は開発されることなく、往時のままの街道筋の風景を後世に残すことになった。実際、智頭の町並みを歩くと、荘厳な造りの商家や古い民家が軒を連ね、懐かしい風情を楽しむことができる。

町のメインストリートともいえる智頭往来の街道沿いには、敷地三千坪の和風建築で国の重要指定文化財に指定されている石谷家（いしたにけ）住宅の他、米原家（よねはらけ）住宅や諏訪酒造など、見応えのある建物が点在。街道をはずれた横町通りや新町通りといった路地にも、趣ある木造家屋が並んでいる。情緒あふれる古町をそぞろ歩けば、旅につかれた心も癒される。

智頭の町を歩いていて、ひとつ気になったことがあった。杉玉が普通の民家の軒先にぶらさがっているのである。杉玉は酒杉とも呼ばれ、酒の神様が宿る御神体であり、酒蔵がその年の新酒ができたことを知らせるために吊るす。だから、当然杉玉が吊られるのは酒蔵だけかと思っていたのだが、智頭ではどうやらそうではないらしい。

智頭の町の歴史をひもとけば、智頭は江戸時代から林業の町として歴史を刻んできた。きっかけは文化年間に起きた鳥取城下の大火である。この火事によって大量の木材が必要となった。天然の材木ではとうてい足りず植林が必要となり、この智頭の地に十万本以上の杉苗が植えられた。これが始まりである。以来、京都の北山や奈良の吉野と並ぶ林業地として智頭の名は広く知られるようになり、智頭杉は木目の美しい天然杉として高く評価され、鳥取特産のひとつにもなっている。

智頭には「杉神社」という神社がある。この地に豊かさをもたらした杉を祀った神社で、このような神社は全国的に見てもめずらしい。家々の軒先に杉玉を吊るす習慣は、この神社にちなんだものであり、吊るされた杉玉は、家内の安全と繁栄を願う人々にとってのお守りのようなものなのかもしれない。

智頭往来の街道沿いに、杉玉作りが体験できる杉玉工房があった。中では職人の方が、杉玉作りに勤しんでいた。完成した青々とした杉玉からは、若々しく清々しい匂いが漂っていた。

国の重要指定文化財に指定されている石谷家住宅

一般民家の軒先に吊るされた杉玉

智頭

米原家住宅（非公開）

石谷家住宅
住所：八頭郡智頭町智頭545
電話：0858-75-3500
営業時間：10:00～17:00（最終入館16:30）
定休：水曜日（祝日の場合は翌日）、12/28～1/3
料金：大人600円、高校生500円、小・中学生400円、幼児・80歳以上の高齢者・障害者無料

諏訪酒造　酒蔵交流館　梶屋
住所：八頭郡智頭町智頭451
電話：0858-75-3141
営業時間：10:00～17:00（10月～3月は10:00～16:30）
定休：無し（年末年始のみ休業）

★智頭への行き方
中国横断自動車道智頭ICより車で約5分
JR因美線智頭駅より徒歩約10分

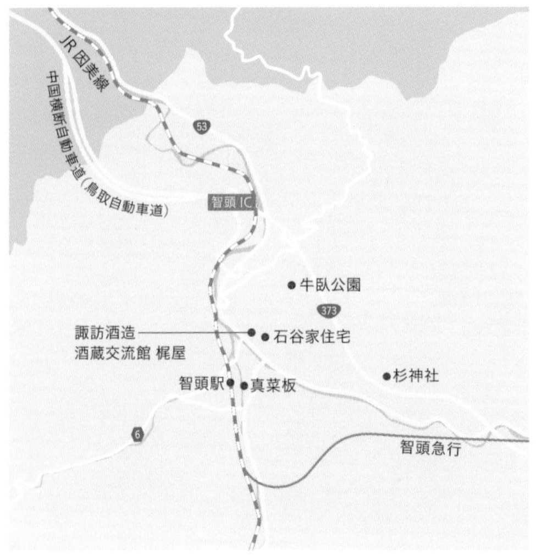

おすすめランチ

●鍋焼きうどん
夜は日本酒にこだわった居酒屋「真菜板」として営業しているこの店、昼は「うどん家」としてランチを提供している。麺は、コシが強く食べ応え十分。鍋焼き、つけ麺、カレーに天ぷらと種類が豊富で、選ぶのも楽しい。

「真菜板／うどん家」
智頭町智頭1642-37

諏訪神社御柱祭り

（すわじんじゃおんばしらまつり）

六年に一度行われる御柱祭りは、江戸時代から続く智頭町最大の行事だ。神木選びなど、祭りは一年前から始まる。当日、選ばれた四本の杉の御神木は長さ二十六尺に伐採され、担ぎ手により台座に乗せられる。これを白装束の氏子たちが担ぎ、町内を練り歩く様は実に圧巻だ。神木を担いだ行列は神社の石段を登り宮入り。皮を剝ぎ、塩で清めたのちに神木は本殿の四隅に建立されて祭りは終了となる。この祭りを目当てに、町の人口を超える多くの人が押し寄せる。

開催時期 6年に一度、申年と寅年の4月の酉の日

開催場所 八頭郡智頭町智頭

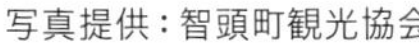
写真提供：智頭町観光協会

網代（あじろ）（岩美郡岩美町）

山陰地方の古い漁村の風情が今も残る漁師町

山陰地方を代表する冬の味覚といえば「松葉ガニ」である。日本海の荒波に揉まれて育った蟹は身がひきしまり、ほぐれた蟹肉を口に入れればほどよい甘さが広がる絶品だ。漁期は十一月初旬から三月中旬まで。この四ヵ月間、日本海に面する県東部の町、岩美町（いわみちょう）は全国の美食家から熱い注目を集めることになる。なぜなら、岩美町は松葉ガニの漁獲高日本一であり、シーズンの松葉ガニの水揚げ量を左右する網代港があるからだ。今年は大漁か、不漁か。味はどうなのか――松葉ガニをこよなく愛する人たちにとって、網代は松葉ガニの聖地と言ってもいいかもしれない。

網代は、風光明媚な海岸線が連なる浦富（うらどめ）海岸の西側にある。江戸時代には鳥取藩の米穀類の輸出港として栄えたが、明治以降はその役割を終え、底引き網漁を得意とする県下有数の漁港として栄えてきた。浦富海岸の東側には、同じような港をもつ田後（たじり）集落がある。岩美町の双子集落といっていいほど、どちらもよく似た雰囲気の集落である。

漁港から広がる網代の町には、山陰の漁村集落らしい風情が今もしっかりと残っている。車が入れない細い路地を歩けば、板張りの家がひしめきあうように並び、まるで迷路の中に迷い込んでしまったようだ。人影まばらな昼下がり、家々からはテレビの音や会話が漏れ聞こえ、網代の人々の日々の暮らしを垣間見たような気がしてくる。小さな漁村の何の変哲もないありきたりの日常風景、微かな旅情が立ち上ってくる。旅の醍醐味は名勝や名所めぐりにあるのではなく、旅案内にも出ていないような知らない町を歩くことにあるのかもしれない。

港に出ると、漁師さんが船の手入れをしていた。海の波光の中でうごめく人の影が、夏の蜃気楼のように揺れる。大きな歴史的事件もなく、観光地的な場所も何もない。年に数ヵ月、松葉ガニのシーズンだけ注目を集める網代。だが、ゆっくり流れる時間と町を吹き抜ける海風は、この町ならではの魅力。観光地として有名な浦富海岸に行くことがあれば、ぜひその西側にある小さな漁師町に足を運んでみてはいかがだろうか。

網代

TT3-9781
TT3-7817

岩美町観光協会
住所：岩美郡岩美町浦富783-8
電話：0857-72-3481
営業時間：9:00〜18:00
定休：年末年始

★網代への行き方
JR山陰本線岩美駅よりバスで約15分
網代口下車
山陰近畿自動車道岩美ICより車で約10分

根雨（日野郡日野町）

懐かしい風情が残るたたらとオシドリの町

たたら（鞴）を使って、砂鉄から鉄をつくる「たたら製鉄」。江戸末期から明治初期にかけて、このたたら製鉄の一大中心地となったのは島根県の奥出雲地方だが、同じようにたたら製鉄で広く名を知られていたのが、鳥取県の西南部にある日野地方である。

奥出雲では、たたら製鉄で財をなした「鉄師御三家」と呼ばれる名家が生まれた。同じように日野地方にも、たたらによって莫大な財を築いた鉄師がいた。近藤家である。最盛期、日野郡内に数多くの鉄山を所有してたたら場（製鉄工場）を経営。鳥取県下、最大の鉄師であった。この近藤家が事業の拠点としたのが、日野郡日野町の根雨である。

もともと根雨は、出雲街道の宿場町として栄えた。古代より出雲から畿内に鉄を運ぶ道となっていた出雲街道は、江戸時代にたたら製鉄が隆盛すると人の往来が飛躍的に増え、根雨も宿場町として大いににぎわったといわれている。

JR伯備（はくび）線「根雨」駅を降りると、約五百メートルにわたって街道風情が残る古い町並みが続く。白壁の塗籠（ぬりごめ）造りと千本格子、そしてこの地方ならではの石州瓦。瓦の独特な赤色が景観に艶を与え、時折現れる重厚な屋敷がこの町が積み重ねてきた歴史をうかがわせる。特に、近藤家が町に寄贈した建屋（旧・根雨公会堂）の偉容は圧倒的だ。黒漆喰塗りの二階建て、一階部分もほとんど当時のままに残っている。まさに往時の根雨宿の面影を残す代表的な家屋だ。

ところで、根雨にはこの町ならでは珍しいスポットがある。オシドリの観察小屋だ。仲睦まじい夫婦の例えとして知られる渡鳥だが、晩秋から春先まで、このオシドリが根雨の日野川に千羽以上飛来する。春先にシベリアなどの北の国へ飛び立つまで、川や岸辺で羽を休めている姿を、川沿に設けられた小屋から観察することができるのだ。このためだけに、根雨を訪れる人も多いという。オシドリは警戒心が強く、人や町のそばには寄ってこないといわれている。根雨の街の静かな佇まいが、オシドリにも安心感を与えているのだろうか。気がつけば、街路の端に設えられた水路から、澄んだ水が流れる清らかな音が聞こえてきた。

工事予告
通行止
徐行

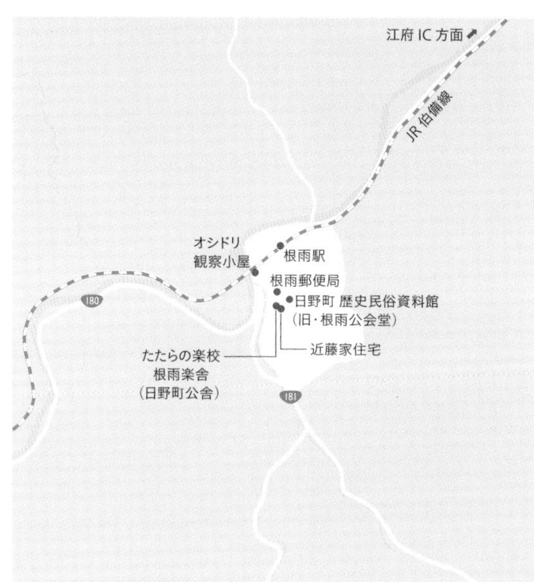

たたらの楽校　根雨楽舎

住所：日野郡日野町根雨645
電話：0859-72-0249
開校時間：10:00〜16:00
定休：12月〜3月末までの月〜金曜日
料金：無料

★根雨への行き方

JR伯備線根雨駅より徒歩約5分
中国横断自動車道江府ICより車で約15分

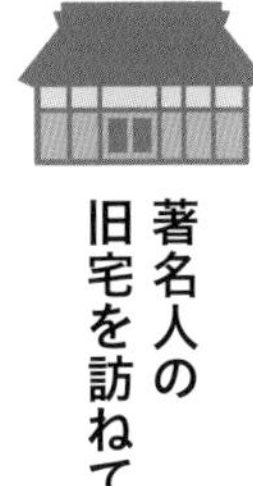

著名人の旧宅を訪ねて

水木しげるの実家
幼少期を過ごした境水道を望む家

日本における妖怪漫画の第一人者である漫画家・水木しげる。『ゲゲゲの鬼太郎』『河童の三平』『悪魔くん』などをはじめ数多くのヒット作を生み出し、今なお根強い人気を誇る漫画家の一人である。

水木しげるは大正十一（一九二二）年に大阪で生まれ、生後一ヵ月頃に鳥取県境港市に移り住んだ。目の前を境水道が流れる市内の入船町に残っている家屋は、水木が幼少期を過ごした家、いわゆる実家である。かつては水木プロダクションの中国支部として使われていたようだが、今はその看板はなく、人気も感じられない。ただ、家の前には「水木しげるが幼少を過ごした地」という石碑が建てられ、庭には復員の際に水木が自ら植えたといわれるクスノキが青々と繁っている。

水木は二〇一五年に九十三歳で逝去。境港の実家、そして近くにある水木ロードには多くの人が訪れ、故郷境港の重要な観光資源となっている。

住所 境港市入船町25
入館料 内覧不可

おすすめランチ

●かに膳

冬の日本海、特に鳥取の味覚といえば、なんといっても蟹だ。港からもほど近い「さかゑや」は境港で採れた蟹や地魚を手軽に楽しめる良心的なお店。シーズンになると目利きが仕入れた上質な松葉蟹や紅蟹の御膳を求めて、遠方からも客が訪れる。

「お食事処さかゑや」
境港市上道町2184-19

ノスタルジック商店街

ほんどおり商店街（米子市）
古くて新しい、商都を代表する商店街

古くは北前船の寄港地として栄えた歴史をもつ米子。町の中心部には多くの商家が軒を連ね、山陰随一の商都としてにぎわいを見せていたといわれている。現在もその繁栄の歴史を継ぐように、米子駅前にはいくつもの商店街が並ぶ。

それらの米子の商店街を代表するのが「ほんどおり商店街」である。アーケードが設えられた通りに入ると、一瞬、シャッター商店街？　と不安になってしまうほど暗い。どうやら、照明が弱いためにそう感じるようで、慣れてくると、むしろその薄暗さがレトロでいい雰囲気に感じてくる。

歩いてみると、古くからある服飾店などに加え、若者向けの古着専門店やライブハウス、そして洒落たカフェなどがある。通りを歩く買い物客も、思った以上に若い人たちが多い。あとで知ったことだが、あと数年後にはこのアーケードを撤去する計画があるとかないとか。新旧混在の古くて新しい「ほんどおり商店街」。ぜひアーケードとともにずっと残してほしいものだ。

本通り商店街
ほんどおり

赤碕（東伯郡琴浦町赤碕）

陸路海路の要衝としてにぎわった港町

京都を起点に、日本海側を通って長州小郡宿までを結んだ山陰街道。場所によっては伯耆街道や伯州街道とも呼ばれていたが、その山陰街道の宿場町として栄えたのが赤碕宿である。さらに赤碕は古くから港町としても隆盛し、江戸時代には北前船が寄港。陸路海路の交通の要衝となり、町には舟番所や藩の米を保存する藩倉、さらに商店や旅館などが並び、大変なにぎわいを見せていたという。

町は、海岸に沿うように連なり、道は狭小でくねくねと曲がりくねっている。間違いなく、ここがかつての山陰街道だったことがわかる。道の両側には、漁村特有の板張りの家が続くが、格子や出格子をそなえた重厚な商家なども時折顔をのぞかせる。それにしても、これだけ古い町並みが続く漁村もめずらしい。

海へ抜けると、菊港という港があった。赤碕港は、この菊港と西港と東港の三港の総称で、なかでも菊港は一番歴史が古い。江戸時代の享保・寛政年間に築港されたといわれ、当時の石造りの防波堤が今もしっかりと残っている。寄せて砕ける日本海の波を見ながら、よくぞ今まで残っていたものだと感心してしまう。

さらに海岸線に沿って西へ歩いていくと、海辺に広がる巨大な墓地が見えてきた。無数、とも思える数の墓が海に向かって並べられている。これは、花見潟墓地（はなみがたぼち）と言い、西日本で最大級の自然発生型墓地である。約二万基の墓が約三百五十メートルに立ち並ぶ様は圧巻だ。調べてみると、この花見潟墓地は、日本でも有数の両墓制墓地で、遺骨を埋める埋葬墓と参墓の二つの墓が並んでつくられているという。

ところで、「赤碕」はなぜ「崎」ではなく「碕」の文字が使われるようになったのか。もともとは崎だったのだが、この地の繁栄を築いた武将・赤碕殿の名にあやかって「碕」という漢字を使うようになったといわれている。赤碕殿とは、鎌倉末期に活躍し、その後当地に住んで地名の「あかさき」を名字としたと伝えられている。明治三十三年の町名改正の際に、正式に「碕」の字を使った「赤碕」が地名となった。

花見潟墓地を過ぎてさらに西に進むと鳴り石の浜があらわれる。ゴロタ石（礫石）といわれる楕円形の石が集積し、波の満ち引きに合わせて石がぶつかり合い「カラコロ」と音がする海岸だ。石に願いを書き、海に投げ込むと願いが叶うといわれている。

日が傾きかけた頃、一人の老婆がひろったゴロタ石を海に放り投げていた。何か願掛けをしたのだろうか。ちょうど逆光となっていて、老婆の表情を見ることはできなかった。

花見潟墓地

鳴り石の浜

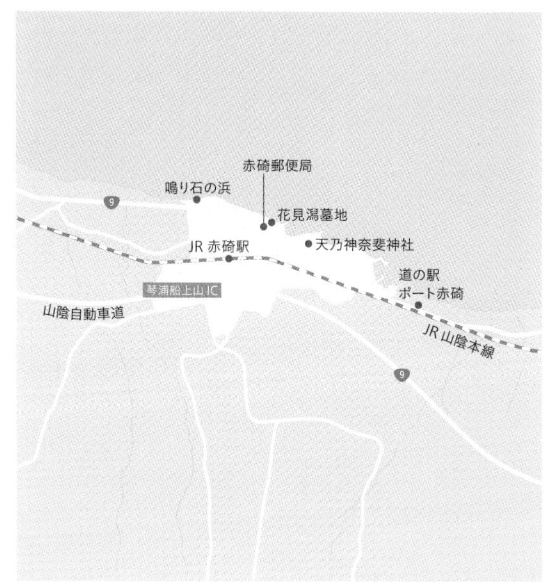

★赤碕への行き方
JR山陰本線赤碕駅より徒歩約10分
山陰自動車道琴浦船上山ICより車で約5分

重要伝統的建造物群保存地区

大山町所子（農村集落）

平成25年12月27日選定

中国地方の最高峰・大山の北麓に広がる扇状台地につくられた農村が所子集落である。大山へ詣る〝大山詣り〟の道が村内を通り、その両側に古い時代に建てられた家が軒を連ねている。重要文化財の門脇家住宅、国登録有形文化財の東門脇家住宅、美甘家住宅など、それほど広くないエリアに密集している様は圧巻である。さらに、集落内をめぐる水路や美しく整えられた田畑と相まって、風情ある景観を醸し出している。まさに伯耆地方の伝統的な農村集落を今に伝えている。

大山町所子

重要伝統的建造物群保存地区

倉吉市打吹玉川（商家町）

平成10年12月25日選定

江戸時代から大正時代にいたるまで、鳥取県を代表する商工業都市として繁栄した倉吉。その倉吉の中心部、古い町屋が建ち並ぶ本町通りと土蔵群と石橋が連続する玉川沿いが保存地区である。昔ながらの白壁漆喰塗の土蔵群と赤褐色の石州瓦の屋根を持つ古い町並みが玉川沿いに現存し、「白壁土蔵群」と呼ばれて親しまれている。近年は整備が進んで町並みが修景され、「赤瓦」と総称される各種店舗が様々な物品を販売しており、鳥取県を代表する観光地となっている。

倉吉市打吹玉川

おすすめおやつ

●打吹公園だんご

明治40年、皇太子行幸のため打吹山に打吹公園が造られた際に、自慢のだんごを皇太子に献上したことから、打吹公園だんごと名付けられた。時間をかけて練られた無添加の餡はあまり日持ちしない。ここでだけ味わえるご当地の味だ。

「**石谷精華堂**」
倉吉市幸町459-1

島根

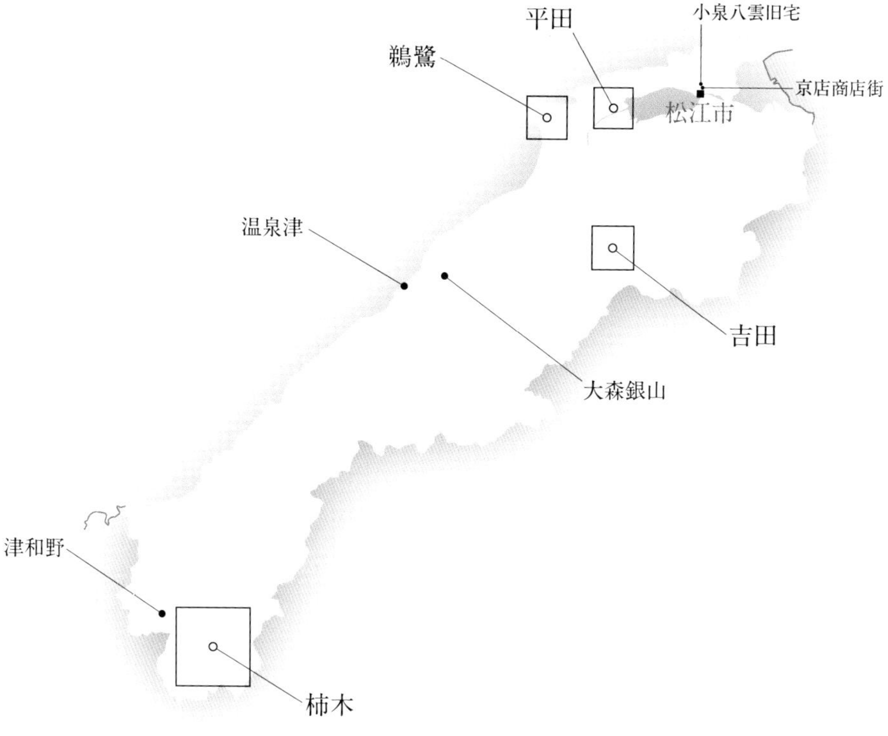

小泉八雲旧宅
平田
鵜鷺
京店商店街
松江市
温泉津
吉田
大森銀山
津和野
柿木

吉田（よしだ）（雲南市吉田町吉田）

「たたら」で日本を支えた鉄づくりの里

日本古来の鉄づくり技法とされる「たたら製鉄」。たたらとは、鉄をつくる炉に空気を送り込むために使われる鞴（ふいご）のことであり、両端を数人ずつで交互に踏んで送風する。宮崎駿の映画『もののけ姫』で、たたら場で働く人々が印象的に描かれていたことを思い起こす人も多いだろう。

江戸末期から明治初期にかけて、このたたら製鉄の一大中心地となったのが雲南市の吉田である。もともと中国山地の麓にある奥出雲地方は、鉄の原料となる砂鉄が多く採取でき、燃料の木炭のもととなる木材をとる森林も広大で、炉を築く良質な土にも恵まれていた。製鉄のための好条件が揃っていた。

たたら製鉄に必要なそうした資源を一手に所有し管理していたのが「鉄師（てつし）」と呼ばれる者たちである。奥出雲地方には、田部（たなべ）家、櫻井家、絲原（いとはら）家という「鉄師御三家」と呼ばれる名家が生まれた。なかでも田部家は日本一の山林王と呼ばれたほどで、最盛期に所有していた山林は二万五千ヘクタール、現在の大阪市とほぼ同じ広さというのだから驚きだ。

田部家による製鉄は、室町時代に初代田辺彦左衛門によって始められた。鉄の需要が高まった江戸時代には、吉田の菅谷（すがや）に製鉄工場である高殿（たかどの）を建て、そこで働く人々を周囲に住まわせて一大集落をつくりあげた。こうした集落は山内（さんない）と呼ばれ、菅谷たたら山内には最盛期四十世帯約百七十人が住み、そのほか六十人ほどの職人が生活していた。明治初期頃まで、日本の国内鉄生産のほぼすべてをここが担っていたといわれている。しかし、明治時代になり西洋からより効率の良い製鉄法が流入してくると、たたら製鉄は次第に衰退。大正時代の終わり頃までには、日本におけるたたらの火はほとんど消えてしまった。

たたら製鉄の最盛期と田部家の繁栄を今に伝える吉田の町。それほど広くない町の中心には石畳の坂道があり、その両脇には白壁土蔵のほか、古民家レストランや小さな商店が軒を連ねる。今でいう企業城下町でありながら、本当の城下町のような風情がこの街には残っている。

吉田の町中から、日本で唯一現存する高殿がある菅谷たたら山内へと向かう。途中、流れる小川にオオサンショウウオを見つけた。太古からまったく姿が変わっていないことから生きた化石と呼ばれるオオサンショウウオ。ゆっくりと這うように進む川の向こうに目をやると、現代とは思えないなつかしい山村集落の風景が広がっていた。

20棟ほどの土蔵が立ち並ぶ田部家土蔵群

菅谷にある高殿

菅谷たたら山内

鉄の歴史博物館
住所：雲南市吉田町吉田2533
電話：0854-74-0043
開館時間：9:00〜17:00（最終入館16:00）
定休：月曜日（祝日の場合は翌日）
入館料：個人　一般520円、小・中学生260円
団体　一般410円、小・中学生210円

★吉田への行き方
中国自動車道雲南吉田ICより車で約10分
JR木次線木次駅よりバスで約30分竜宮橋下車徒歩約30分

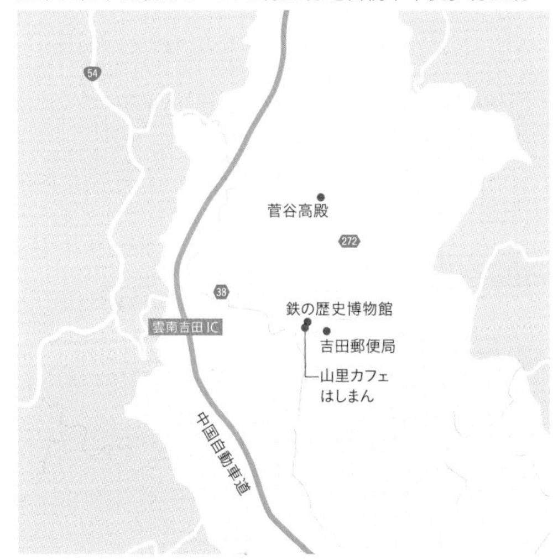

おすすめランチ

●山里カフェ御膳

築150年の庄屋屋敷を改築した古民家カフェ。座敷の客間は昔ながらの広々とした空間で、ゆったりとした時間を過ごすことができる。地元の野菜を中心に30品目以上の食材を使ったヘルシーな定食がおすすめだ。

「山里カフェはしまん」
雲南市吉田町吉田2566

鵜鷺（大社町鷺浦・鵜峠）

神話の地に残る日本の漁村の原風景

出雲大社の裏にそびえる八雲山をのぼり、二つほど峠を越えると日本海に面した入江にたどりつく。漁村集落、鷺浦の港である。波が穏やかで静かに風が舞うこの港は天然の良港として知られ、古くは風待ち港として栄えた。江戸時代には北前船の寄港地となり、財をなした廻船問屋や塩問屋が豪壮な家を建てるなど、村は大いににぎわったといわれる。しかし、明治になり鉄道が普及するにつれて商船の寄港は激減。鷺浦は昔ながらの静かな漁村に戻った。

この鷺浦と同じような歴史をたどったのが隣の鵜峠集落である。鵜峠にはかつて良質な銅を産出する鉱山があった。石見銀山よりもはるか昔から銅が掘られており、出雲地方で出土した銅剣や銅鐸の銅はここで掘られたものではないかともいわれている。多くの働き手が鵜峠に住み、往時は相当活況を呈していたらしい。採掘は昭和四十年代まで続けられた。しかし、採掘量の減少とともに人も流出。

鵜峠もまた鷺浦と同じように静かな村へと元の姿に戻ったのである。

実は、この鵜峠と鷺浦は、かつては二つあわせて鵜鷺（うさぎ）村といった。今も郵便局などにその名が残っており、地元ではこのあたりを鵜鷺地区と呼んでいる人も多い。まるで、出雲神話の因幡の白兎を想起させる地名のこの場所は、言ってみれば世の中や時代から取り残された集落といえるかもしれない。しかしむしろそのおかげで、古くから日本の海辺の村にそなわっていた風情がたっぷりと残った。

空からまっすぐに降り注ぐ陽の光、美しく鈍く光る家の壁、猫のあくびとゆっくり流れる時間。時折海に響くのは海猫の鳴き声と船が波を砕く音。建ち並ぶ家屋の間を迷路のように広がる路地を歩けば、その向こうに見え隠れするおだやかな海の風景が、一幅の絵画のように額装される。

今、鵜鷺の海水からつくられる藻塩（もしお）が人気だという。機械はいっさい使わず、すべて手づくり。昔からこの村に伝わる手法によってつくられた塩は、とてもまろやかでやさしい味がするという。これもまた、今も豊かなままに残された海の恵みであり、それを守りそこに暮らしてきた人々の思いの結晶であると言っては言い過ぎだろうか。

JA
しまね

30

★鵜鷺への行き方
山陰自動車道斐川ICより車で約40分

権現さん祭り（ごんげんさんまつり）

天然の良港である鷺浦港の入り口には柏島があり、風浪を防いでいる。柏島のてっぺんには古くから柏島大権現が祀られ、外海へ出る船乗りは航海安全と豊漁の祈りを捧げ、沖へと向かう。それがいつしか鷺浦の祭りとなった。

七月三十一日夕刻、浦の各家は持ち船に大漁旗や幟を立て、家族や親族を乗せて一斉に柏島に向かう。島に渡り、権現様にお神酒と赤飯を供え家内安全を祈り、そのお下がりを船で頂き、柏島を一周して帰港する。

開催時期　毎年7月31日
開催場所　出雲市大社町鷺浦

写真提供：出雲市観光協会

平田（出雲市平田町）

雲州木綿でにぎわいをみせた舟運の町

島根県北部、出雲大社と宍道湖の中間あたりに位置するのが平田の町である。かつては独立した市であったが二〇〇五（平成十七）年の合併によって出雲市の一部となった。世帯数約二千、人口約六千人という小さな町だが、江戸時代には多くの商人たちで活況を呈していた。そのにぎわいのもととなったのが、木綿である。

江戸時代、松江藩は外貨獲得による財政の安定をはかるため、綿花の栽培を奨励する。綿作に適した気候風土もさることながら、何度も品質改良を重ねた結果、雲州平野産の木綿は市場で高く評価された。その木綿の一大集積地となったのが平田であり、平田の名を冠した「雲州平田木綿」は、今でいう〝ブランド品〟として諸国に知られるようになった。

他国に販売するために木綿が集荷された平田では、定期的に木綿市が開かれるようになる。幕末期、この木綿市での取引量は年二十二万反におよび、松江藩が藩外に売った木綿の約四割を占めるほどになったという。江戸の三井などの豪商も買い付けにきたという記録が残っている。

そもそも、平田は舟運の町としての歴史をもつ。宍道湖、中海（なかうみ）、大橋川を結ぶ内海水運の拠点として重要な役割を果たしていた。たとえば戦国時代には、毛利氏による出雲侵攻の際の輸送拠点となり、兵糧米などが平田から松江方面に積み出されたといわれる。

雲州木綿は明治中期以降に衰退してしまったが、舟運の町としての平田の隆盛はその後も続いた。明治から大正、昭和にかけて、平田船川（ひらたふながわ）を経由して松江に至る貨客の輸送が盛んとなり、平田の河港には多くの貨客船が入港してにぎわった。昭和二十六年頃まで松江への定期船便が運行されていた。

平田の町を歩くと、江戸時代の風情を残した風景を目にすることができる。間口が狭く奥に長い平田特有の建築様式の家屋、白壁の土蔵、襖絵などもあしらわれたこだわりの家が並ぶ。さらにこの地方ならではの左桟瓦（ひだりざんがわら）（逆への字型の瓦）やなまこ壁や格子窓の町家も数多くあり、往時の豊かな暮らしをうかがい知ることができる。歴史ある醤油蔵や酒蔵なども点在し、特に創業三百年以上の歴史を誇る生姜糖の老舗「來間屋（くるまや）生姜糖本舗」と地主の家「本石橋邸（ほんいしばしてい）」は平田の町並みをさらに重厚なものにしている。

二〇〇一（平成十三）年、平田の町の通りは地元の人々によって「木綿街道」と名付けられた。わずか二百メートルほどの通りにすぎないが、そこには豊かでやさしい時間がゆっくりと流れている。

明治20年代に建てられた小村邸。現在は木綿街道交流館になっている

町を流れる船川

明治8年創業の加藤醤油有限会社

木綿街道交流館
住所：出雲市平田町841
電話：0853-62-2631
営業時間：9:00～17:00（飲食店は9:30～15:30）
定休：火曜日（祝日の場合は翌日）
12/30～1/4

★平田への行き方
山陰自動車道斐川ICより車で約20分
一畑電車北松江線雲州平田駅より徒歩約10分

著名人の旧宅を訪ねて

小泉八雲旧宅
人生最高の時間を過ごしたお堀端の屋敷

松江城堀端に残る武家屋敷が、小泉八雲の旧居である。

小泉八雲、本名パトリック・ラフカディオ・ハーンは、アイルランド人の父とギリシャ人の母との間に一八五〇年にギリシャで生まれた。アメリカで新聞記者として活躍したあと、一八九〇（明治二十三）年、三十九歳の時に来日。島根県尋常中学校と師範学校の英語教師として松江に赴任する。だが、ハーンが松江に住んだ期間は約一年二ヵ月と短い。その間、松江藩士の娘である小泉セツと結婚し、傑作『怪談』を生み出すなど、松江での暮らしはハーンに多くのものを与えた。この旧居は、ハーンにとっての最高の時間を過ごした場所といえる。

玄関を入ってすぐの居室には、読書や執筆をした書斎が再現されている。広々とした和室の向こうには縁側と窓があり、こじんまりとしていながらも凛とした風情ある庭を望むことができる。

住所　松江市北堀町315
電話　0852-23-0714
開館時間　8:30〜18:30（4〜9月）
8:30〜17:00（10月〜3月）
入館料　大人300円
休館日　年中無休

ノスタルジック商店街

京店商店街（松江市）
公家が遠い京都を懐かしんでつくった商店街

　ＪＲ松江駅から、地元のコミュニティバスに乗って約八分、「京橋」というバス停で降りてすぐのところにあるのが京店商店街である。松江城からもそれほど遠くなく、お堀の遊覧船乗り場も近くにあり、休日ともなれば多くの人々でにぎわいを見せる商店街だ。通りの両側には、老舗の商店やカフェなどが軒を連ね、石畳の路と相まってレトロな雰囲気を漂わせている。

　この商店街の人気の秘密はそれだけではない。縁結びの場所として、特にカップルに人気が高い。たとえば、商店街の入り口近くにある「カラコロ大黒」（大黒様の像）は縁結びの神で、腹をなでるとご利益があるそうな。さらに、石畳の中にハートの石畳が二つあり、それを見つけられると恋愛が成就するらしい。

　ところで、島根の松江なのに「京店」とはこれいかに。調べてみれば、江戸時代、公家の息女が京の都を懐かしみ、京風の町並みをつくらせたのがこの商店街の原型で、それが「京店」の名の由来になっているそうだ。

kyomise

柿木（鹿足郡吉賀町柿木）

自然とともに生き抜いていく有機農業の里

県の南西部最南端、ほとんど山口県に接するように広がる吉賀町。島根の津和野と広島の廿日市を結ぶ津和野街道の宿場が置かれていた町である。江戸時代、参勤交代の道として利用され、特産であった津和野の和紙を運ぶ道、あるいは広島の厳島神社へ参拝へ向かう道として人の往来も多かったといわれている。

この吉賀町の西部に、かつて柿木村と呼ばれていた地区がある。柿木村は平成十七年に隣町の六日市町と合併して吉賀町となったが、村名はそのまま残り、今は吉賀町柿木となっている。人口一五〇〇余人のこの小さな山村、実はあることで農業関係者の間で注目を集めている。それは、村全体で取り組んでいる有機農業だ。

この村で有機農業が始まったのは三十年ほど前のことである。過疎化に直面した柿木村は、農産物の生産効率を上げるために、化学肥料や農薬を使ういわゆる近代農業を推し進めていた。ところが、どこの田畑にもいたミミズやモグラなどの生き物が次第に姿を消すようになっていった。危機感をもった村の人々は、いくら生産効率を上げて収入を増やしたとしても、肝心の自然が壊れてしまっては、決して豊かな暮らしとはいえないのではないか、と考えるようになる。そして有志が中心となって始めたのが有機農業だった。自給をベースにした環境と体にやさしい食べ物づくりこそ、自分たちのような小さな山村の本当の豊かさではないか——小さな柿木村で始まった有機農業は多くの人々の共感を得て、吉賀町全体に広がり、本来あるべき農業の姿を目指している場所として、多くの農業関係者が注目する地区となったのである。

険しい山々に囲まれた村の真ん中を縫うように、清流高津川が流れている。山と川の間には、水田と有機栽培を主とした畑が広がっている。中でも、この地区のシンボルともいえるのが大井谷（おおいだに）の棚田だ。古文書によれば、約六百年前に、この地方の基礎を築いた大内氏に仕えた三浦一族がこの地に入り、室町時代末期から江戸時代にかけて築かれた棚田だといわれている。以来幾度の積み直しや補修を重ね、現在は約六百枚ほどの田んぼが広がっている。かつて、この棚田で獲れた米は、津和野藩主への献上米としてのみ使われていたが、現在でも、ここで栽培された棚田米は、町内のみで販売されることになっている。

清流日本一に何度も輝いた高津川の水の恵みを受けながら、三十年以上前から有機農業に取り組んできた柿木。その考え方と暮らし方に共鳴した人々が他県からこの地に移住してきているらしい。豊かな自然に囲まれた有機農業の里、柿木。その素朴な山村風景は、これからもこの地を訪れる人の心を癒してくれるだろう。

大井谷の棚田

道の駅 かきのきむら
住所：鹿足郡吉賀町柿木500-1
電話：0856-79-8024
営業時間：9:00〜17:00
定休：第3火曜日

★柿木への行き方
中国自動車道六日市ICより車で約20分

重要伝統的建造物群保存地区

大田市大森銀山(おおもりぎんざん)（鉱山町）

昭和62年12月5日選定

大森銀山地区は、幕府直轄地約四万八千石、約百五十ヵ村の中心の町として栄えた。十四世紀初めに発見されたといわれる銀山の産銀量は十七世紀初頭にピークをむかえ、海外にも輸出されて世界にその名をとどろかせた。全盛期、世界の産銀量の三分の一を日本が産出したとされているが、そのほとんどが大森銀山の銀だったといわれる。町並みは銀山川沿いの谷間に延びる約二・八キロで、代官所跡や郷宿、武家屋敷、商家などが現存。背後の山裾には社寺や墓地、石切場なども残され、かつての鉱山町の景観を今に伝えている。

重要伝統的建造物群保存地区

大田市湯泉津(ゆのつ)（港町・温泉町）

平成16年7月6日選定

湯泉津は天然の温泉が湧き出る港町である。開湯は約千七百年前とされており、戦国から江戸時代にかけては、石見銀山の銀の積出港として大いににぎわった。現在の港に往時の面影を見ることはできないが、漁船が浮かぶ穏やかな港の風景は旅情を誘う。約八百メートルにおよぶ町並みは、近世の町割りをよく残しており、江戸末期から昭和初期にかけて建てられた町家を中心に、旅館や社寺、あるいは老舗菓子屋などが軒を連ねている。温泉街として全国で唯一重伝建に選定されている。

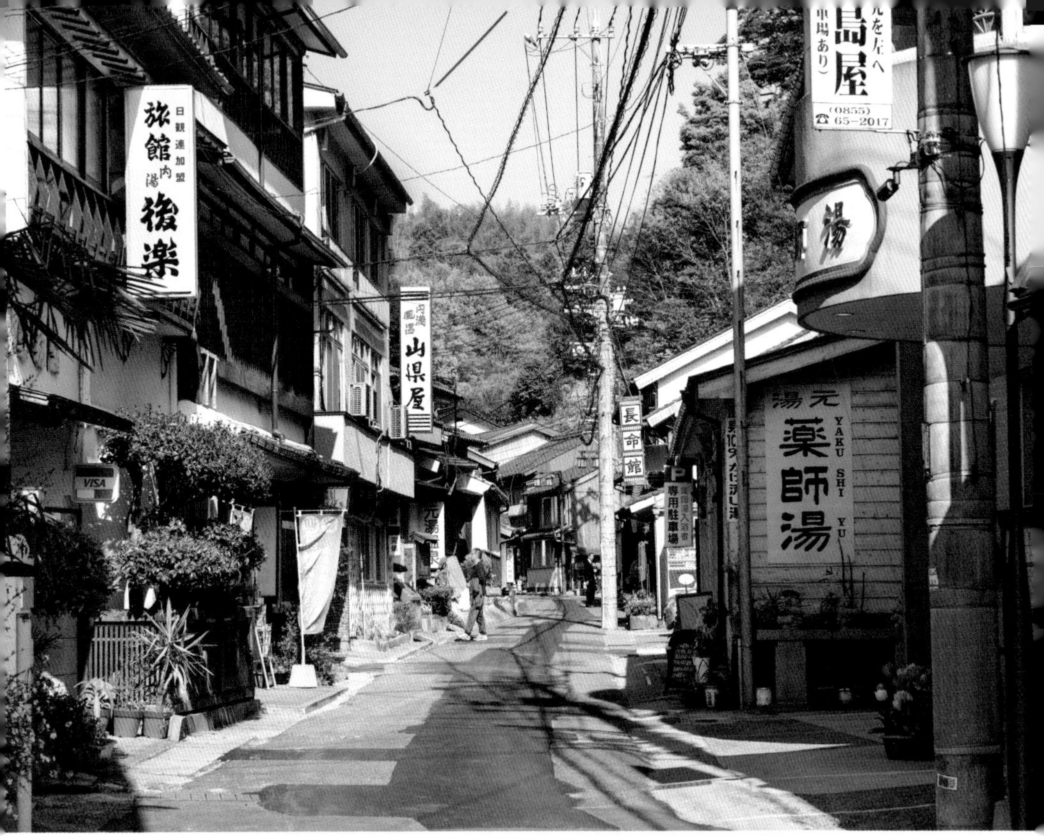

日観連加盟
旅館
内湯
後楽
山県屋
長命館
湯元
薬師湯
YAKU SHI YU
専用駐車場
VISA
(0855)
65-2017

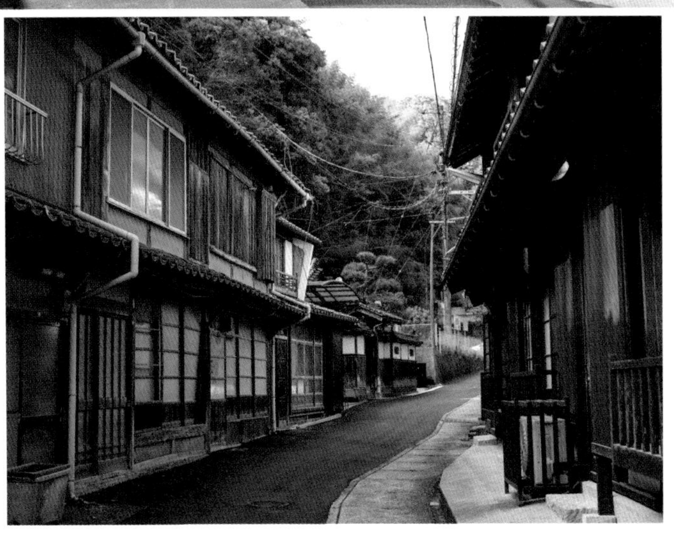

大田市湯泉津

重要伝統的建造物群保存地区

津和野町津和野（武家町・商家町）

平成25年8月7日選定

江戸時代、津和野藩の城下町として栄えたのが津和野である。島根県の最西端に位置し、周囲を山々に囲まれている閉鎖的な地理的条件もあって、今も古い町並みがしっかりと残っている。津和野川に沿うように旧武家地の殿町通りと旧町人地の本町通りがあり、通りの両側には赤い石州瓦の古い家屋や洋風建築の建物が並ぶ。老舗の店舗や旅館が軒を連ねる中に、カトリック教会が顔を見せたりする。山陰の小京都とも呼ばれるその町並みだが、京都とはまたひと味違った独特の風情を漂わせている。

米屋

おすすめおやつ

●源氏巻

津和野の銘菓といえば、街中でもそこかしこに看板をみつけることができる源氏巻だ。こしあんをしっとりとしたカステラ生地で包んだ一品で、発祥は幕末まで遡るという。写真は明治18年創業の老舗、竹風軒の源氏巻。

「山田竹風軒」
鹿足郡津和野町後田ロ240

山口

浜崎
堀内
佐々並市
平安古
山口市
宇野千代生家・
・岩国駅前
中通り商店街
下関新地
古市金屋
壇ノ浦漁港
室積海商通り
下関グリーンモール
祝島

祝島（上関町祝島）

霊光を発して船の危機を救ったという神霊の島

祝島は周防灘に浮かぶ周囲十二キロ、面積七・六七平方キロの小さな島である。地図で見ると周防灘には数多くの島があるが、ハート型の可愛らしい形をしているのですぐにわかる。

祝島というめでたい名にはもちろん由来がある。古代からこの島は交通の要衝として知られ、行き交う船の航行安全を祈願し、豊穣な海への感謝を捧げる神官の祝がいたとされる。島自体が神霊の島といわれ、瀬戸内海を通る船が危機に瀕した時は、この島に向かって一心に祈ると、島が霊光を発して行く先を照らした、という言い伝えが残っている。

そんなありがたい島だが、残念ながら自然環境には恵まれていない。昔は別名「岩井島」といわれたほど、島は岩だらけで平地が極端に少なく、湧水もわずかで、おまけに台風が来るたびに直撃を受けてきた。だがそれだけに住民たちの結束力は固く、長い年月をかけて自分たちで岩をひとつひとつ掘り起こし、島じゅうに棚田を築いていった。また漁業にも力を入れ、最盛期の昭和三十年代には人口約三千人を数えるほど豊かな島になった。が、それも今は昔。瀬戸内の他の島々と同じく急速に過疎化が進み、現在の人口は約三五〇人、しかもその大半が高齢者である。

　この先、いつか住む人も絶える日が来るのだろうか。そう思いながら島を散策していると、古代からこの神の島を守るために、知恵と能力の全てを結集してきた住民たちの悪戦苦闘のあとが見え、とてももったいない気がしてきた。

　例えば、岩や石だらけだったというこの島は、その悪条件を見事に逆利用して、独自の住環境を作り上げてきた。島じゅう迷路のように入り組んだ狭い路地の両側は、石、石、石の塀の連続。石の壁が曲がりくねりながらどこまでも続く。島の人はこれを「ねりへい」と呼ぶ。塀とは、練った土と石を交互に積み重ね、漆喰で固める祝島独特の塀。塀の上には瓦屋根を置き、台風の大雨が来ても内側には水が入らないように工夫されている。塀の厚さは五十センチ以上もあり、強風に耐え、夏涼しく冬暖かい。

　思えば、祝島に限らず、現在、過疎化と高齢化という深刻な問題を抱えている場所はどこも、みなそれぞれに固有の伝統と文化を守り保ってきた歴史を持っている。それらが、住む人もなく風化して行く未来を思うと、ひたすら残念としか言いようがない。

定期船「いわい」。本土と祝島を70分で結ぶ

祝島名物の「ねりへい」

ねりべいは「未来に残したい漁業漁村の歴史的文化遺産100選」にも選ばれた

ねりへいは不断の手入れと修理が欠かせない

★祝島への行き方
山陽自動車道玖珂ICより車で約30分、
柳井港よりフェリーで約70分

室積(むろづみ)海商通り（光市室積）

古き良き港町の面影残る、北前船の寄港地

室積半島は、その先端にある象鼻ヶ岬(ぞうびがさき)で、文字通り象の鼻のようにくるりと内側に曲がっている。その鼻先に包み込まれているのが御手洗湾(みたらいわん)。その昔、神功皇后(じんぐうこうごう)が三韓征伐に赴く際、この湾に船を寄せて手を洗ったという伝説に由来するのだとか。山に囲まれた湾内は一年中波穏やか、その美しい海岸に沿って室積の町並みが広がる。

ここ室積は、古代から瀬戸内海航路の重要な港町として栄えてきた。元は、「海の菩薩」として全国的に広く信仰を集めてきた普賢寺の門前町である。江戸時代、長州藩による港の再開発で、室積・防府・下関の三つの商業港を整備してここに室積会所が置かれ、北前船の寄港地となって大いににぎわった。中心街の通称「海商通り」には、当時は数多くの廻船問屋が軒を連ねていたという。戦前に外相を務め、国際連盟脱退演説で知られる松岡洋右(ようすけ)は、この廻船問屋の出身だそうだ。

通りに建ち並ぶ町家は、江戸時代から明治にかけての建物が多く、町割はほぼ江戸

時代のままである。過ぎし日々、繁栄を極めた港町に、漆喰の壁と格子戸のしっとりとした佇まいを見せる古い家並みが、美しい調和を見せる町である。

みたらい燈篭堂。夜中にも廻船ができるよう、元禄15年に建設された

廻船問屋が軒を連ねていた海商通り

FIRE HYDRANT
消火栓
室積三丁目
15
30

光ふるさと郷土館

おすすめランチ

●石焼き焼きそば

木造の旅館を改装した海商館は、1階がアジア雑貨、2階は珍しい創作料理「石焼き焼きそば」のお店。熱々の石鍋の中でそばと具材を混ぜ、タレをかけてさらに混ぜると香ばしい焼きそばの出来上がり。写真は海鮮塩焼きそば。

「**海商館**」
光市室積5-3-30

普賢寺仁王門

光ふるさと郷土館
住所：光市室積5丁目6-5
電話：083-378-2323
開館時間：9:00～17:00（最終入館16:30）
定休：月曜日（祝日の場合は翌日）、第一火曜日、12/28～1/4
入館料：個人 260円　団体（20名以上）200円、高校生以下、障害手帳をお持ちの方とその付添いの方1名無料

★室積への行き方
山陽自動車道熊毛ICより車で約30分
JR山陽本線光駅よりバスで約20分山根町下車

著名人の旧宅を訪ねて

宇野千代生家
作家の息吹と生きざまを伝える、創作の原点ともいうべき家

宇野千代は『おはん』『生きていく私』などの小説で有名だが、情熱的で生涯、男性遍歴を繰り返した恋多き女性としても知られる。岩国高校を卒業後、十四歳で初めての結婚をするが、わずか十日で破局。その後、尾崎士郎、東郷青児、北原武夫と、四回の結婚を経験した。とにかく惚れっぽくて情熱的で、出会ったその日に男の家に押しかけ、そのまま五年暮らしたなどという武勇伝も枚挙にいとまがない。

そんな男性遍歴を、悪びれることなくすべて小説のネタにしたことも有名で、本人曰く「女性は一生、結婚適齢期」。女性としても文学者としても、清々しいほどエネルギッシュで濃密な生涯だった。

千代は明治三十年十一月二十八日、岩国のこの家で生まれた。紅殻格子（べんがらごうし）と漆喰の壁を備えた平屋の家屋は、昭和四十九年、千代が喜寿を迎えた時、朽ち果てようとしていた自分の生家を全面的に修理して、自分好みの造りに改装したものだ。小さな森のような緑濃い庭には、五十本の紅葉や、彼女の代名詞ともなった薄墨桜が植えられ、杉苔が地面を覆っている。千代は九十八歳で亡くなるまで、この家を慈しみ、縁側から額に縁取られた絵のように見える庭をこよなく愛した。そして死の間際まで旺盛な活動を続けた。この家はいわば宇野千代の創作の原点といって良いだろう。

今、生家と庭は「宇野千代の生家を守る会」の皆さんによって丁寧に手入れされ、一般公開されている。

千代は朽ちかけていたこの生家を修復し自分好みに大幅改修した

縁側の庇が低く、庭が額入りの一服の絵のように見える

千代が晩年使っていた文机

住所 岩国市川西町2-9-35
開館時間 10:00～16:00
休館日 火曜日（祝日の場合は開館）
入館料 大人310円　小中学生100円
障害者100円

ノスタルジック商店街

岩国駅前中通り商店街（岩国市麻里布町）
浮沈と変遷の五十年を経て、再生と活性化に賭ける

岩国駅前中通り商店街は、昭和四十五年に誕生。最新型の開閉式アーケードを備えたこの商店街は、当初、高級品を扱う各種専門店が数多く軒を連ねていた。さらに、当時流行の先端だった映画やボウリング、ビリヤードなどの都市型の娯楽スポーツ店が人気を集め、そこから流れてくる客で、建ち並ぶ数多くの飲食店は潤っていた。道幅六～九メートルに及ぶ中通りアーケード街は、当時、週末ともなると通行人の肩が触れ合うほどの人出で溢れかえっていたという。

昭和の後半になると、商店の大店化に伴って近隣に大型店が開業し始める。大型店同士の競争が激化する傍で、商店街の小売店もめまぐるしく出店、閉店が相次ぎ、不動産や新事業への投資も盛んになった。しかしバブル崩壊で商店街全体が大きなダメージを受ける。

だが中通りは再生をかけて平成元年にアーケード設備のリニューアルに着手。通り自体が明るく生まれ変わるとともに、国や県などの助成事業を活用しつつ、さまざまなイベントなどを実施して商店街の活性化に取り組んでいる。所々にシャッターを下ろした店も見受けられるが、現在三十店舗以上の店が元気に頑張っている。

NAKADOORI

Vape Line

NAKADOORI

中通りアーケード街
軽トラ 新鮮組！

壇ノ浦漁港の船だまり（下関市壇ノ浦町）

壇ノ浦の漁師は幼帝を敬い、正座して漁をするという

壇ノ浦古戦場のみもすそ川公園から唐戸市場に向かって国道9号線を走っていると、建ち並ぶビルのすき間に、ほんの一瞬だけ漁港らしき風景が姿を見せる。油断していると確実に見逃してしまうほどの小さな小さな船だまり。車を止めて路地に入っていくと、そこには周りのビル群にまるで似つかわしくない光景が広がっていた。

中央に細い防波堤が伸び、その左右にぐるりと舟屋が並んでいる。舟屋とは、海に面した二階建、三階建の住居の一階部分に、直接漁船をひき入れるように作られた住宅だ。京都の丹後半島に見られる独特の建築様式で、この辺では珍しい。しかもそれが、こんな場所にまとまって残存しているとは……。しかも小さな防波堤には場違いな、派手な赤い欄干と立派な鳥居が……。これは海の安全を祈願する蛭子神社だ。

調べてみると、ここには平家の残党たちが漁民に身をやつして住み着いたという言い伝えがあるらしい。真偽のほどは定かではないが、壇ノ浦の漁師たちは、幼くして

この海に身を投げた安徳天皇を敬い、船の上でも決して幼帝の頭上を踏みつけることのないよう、正座して漁をするといわれる。壇ノ浦らしい、ロマンチックな話である。

舟屋の向こうにビルが見える

50

壇ノ浦漁港の守り神・蛭子神社

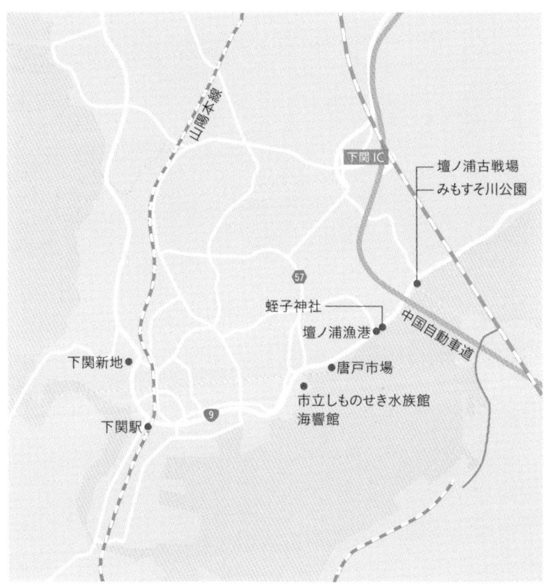

★壇ノ浦への行き方

中国自動車道下関ICより車で約7分
JR山陽本線下関駅よりバスで約10分
壇ノ浦下車

下関グリーンモール（下関市竹崎町）

ポッタリさんが品物を運ぶ、コリアンタウンの商店街

下関駅前の北側にデンとそびえ立つ華やかな「釜山門」をくぐると、通称「リトルプサン」の異名を持つコリアンタウンのメイン商店街「グリーンモール」に入る。ここは昔「邦楽座」という映画館があり、「邦楽座通り」と呼ばれていたそうだが、邦楽座が焼失したため、買物公園通り、すなわち「グリーンモール」と名を変えた。

元々この一帯には在日コリアンが数多く住んでいたため、次第に彼らのための飲食店や雑貨店が増え、いつしか下関のコリアンタウンの中心地となった。商店街に入ると、焼肉店がズラリと軒を連ね、キムチや韓国食材の看板が並び、ひと目でそれとわかる。

今日入荷、の張り紙もけっこう多い。ここの商店主たちは、直接関釜フェリーを利用して釜山から食料や日用品を仕入れることもあるが、大部分は「ポッタリさん」と呼ばれる韓国人の運び屋に仕入れを代行してもらっているという。「ポッタリ」とは

韓国語で風呂敷のこと。ポッタリさんとは、風呂敷に包んだ荷物を担いで毎日下関と釜山をフェリーで行き来し、日本製品を韓国に届け、韓国の物を日本に持ってくる運び屋のおばちゃんたちのことだ。

そのポッタリさんが運んでくる品物を昔からもっとも多く取り扱ってきたのが、商店街最大の市場「長門市場」。もっとも、最盛期の昭和三十年代頃には通路を歩けないほどにぎわっていたらしいが、今では数軒の食料品店が残っているだけだ。

その一つ、美味しそうなキムチが並ぶ店で物色していたら、こぎれいな身なりをした老女が入ってきた。彼女は下関新地の遊郭にいた元芸妓さんで、遊郭がなくなった後もずっとここに住んでいるという。新地はここから五〜六百メートルほど北西にある歓楽街で、大正から昭和にかけて下関市民の娯楽の中心地だった。新地遊郭には最盛期、娼妓が三百人以上、芸妓が四十人近くもいたというから、かなり大規模な遊郭である。

「あの頃はなぁ、この市場も全部店が開いとって、芸妓らも毎日ここに来て買い物したり買い食いしたり喋ったりしとった。そいでここらへんの通りは、いーっつもにぎやかやったねぇ」老女は懐かしそうに言う。「今は寂しうなってしもたけど、こうやってゆっくり買い物ができるのもまたええ。それに私のひいきのキムチの店はまだ残っちょるし。死ぬまでここに通うて美味しいキムチ食べる。それが私の老後の夢」

——老女は店主と顔を見合わせ、声を出して笑った。

グリーンモールの入り口
に立つ釜山門

笑笑
WARA WARA
3F
2F キタノイチバ
海鮮肉酒場
サワー 198円
カラオケCLUB
全品 280円
居酒屋
ニパチ
250-8822
豊丸水産
カラオケ
九州料理
TAXI

ミートたまや

店の自家製キムチも並ぶ

釜山からポッタリさんたちが運んできた食料品

おすすめ肴

●ふぐ刺し

下関といえばふぐ料理。下関港は日本一のふぐ取扱量を誇り、街には専門料理店も多い。なかでもてっさ（ふぐ刺し）はふぐ料理の花形。地元の天然ものならではの弾力や、皮のコリコリした食感を存分に味わいたい。

「三枡」
下関市竹崎町2-13-11 三枡ビル

海峡ゆめタワー
住所：下関市豊前田町３丁目３－１
電　話：083-231-5877（9:30 ～ 17:00）
営業時間：9:30～21:30（最終入館21:00）
定休：無休（1月の第4土曜日のみ休館）
入場料：大人600円、小・中学生・高齢者（65歳以上）300円

★下関グリーンモールへの行き方
JR山陽本線下関駅より徒歩約8分
中国自動車道下関ICより車で約15分

旧花街を歩く

下関新地（下関市新地西町）

今も往時の面影残す本州最果ての遊郭

下関駅から北へ五百メートルばかり歩いたところに、新地西町がある。「新地」の地名がそのまま残った遊郭跡だ。地理的に見て、ここが本州西の最果ての遊郭といっていいだろう。下関にはかつて四カ所の遊郭があった。稲荷町、裏町、豊前田、新地である。前者三つは再開発によりほとんど往時の面影はないが、新地だけは再開発もされず、昔の雰囲気を残したまま今に至っている。

新地町には明治のはじめ頃に新地小屋（後に大黒屋に改名）という芝居小屋があり、それに続いていくつもの娯楽施設や映画館ができた。大正、昭和と市民の娯楽の中心となり、戦後までその繁栄が続いた。遊郭も繁盛し、昭和五年頃には貸座敷四十三軒、娼妓約三百人という大規模なものだったという。今も遊郭特有のしつらえが残る建物や、モルタル造りのそれらしき家屋が数多く建ち並び、往時の雰囲気を伝えている。

TUR8
みんなの家

先帝祭（せんていさい）

「しものせき海峡まつり」の一部として行われる先帝祭は、安徳天皇を祀る赤間神宮を代表する行事。壇ノ浦の戦いで入水し命を落とした安徳天皇の命日に、その遺徳を偲ぶ集まりが催されたのが起源といわれる。江戸時代に、地元の遊女たちがその日ばかりは宮廷装束を身にまとって参拝するようになったことにちなみ、上臈参拝が今も行われている。華やかな衣装に身を包んだ稚児、官女、上臈が練り歩く上臈道中は一見の価値あり。

開催時期
毎年5月2日～4日
開催場所
下関市阿弥陀寺町
赤間神宮

重要伝統的建造物群保存地区

萩市堀内（武家町）

昭和51年9月4日選定

堀内は旧萩城三の丸にあたる。毛利輝元が町割を行なった際、上級武士の屋敷を集めた地区である。碁盤の目状に区画され、見通しがきかないよう道を鍵の手状に折り曲げた鍵曲（かいまがり）や、袋小路、T字路などが所々に設けられている。

保存地区は堀内のほぼ全域、およそ一キロメートル四方。往時の町割がそのまま留められ、武家町らしい町並みが広がっている。通りに沿って、どこまでも連なる重厚な長屋門や土塀、その土塀の上から顔をのぞかせる夏みかんの枝葉の緑とともに、独特の風情をかもし出している。